聞くこと、話すこと。

尹雄大《ユン・ウンデ》

人が本当のことを口にするとき

大和書房

はじめに

「どうすれば話をうまく聞けるようになれますか？」

「思っていることをちゃんと話せるようになるコツはありますか？」

インタビュアーだからきっとノウハウを知っているのだろうと思ってのことなのか。こうした質問を受ける機会が増えている。なかには精神医療や福祉に携わっている人、学校の教師、お坊さんなどもいる。普段から人の話に耳を傾けている人たちから尋ねられるのでびっくりする。

そう聞かれてもすぐさま返答できなかった時期が長い。というのも、私はうまくコミュニケーションする方法を知っているわけではなかったからだ。というより、方法なんてあるのだろうかと思っていたので「うまく聞くの〝うまく〟ってなんですか？」「ちゃんとってどういうことでしょう？」と聞き返していた。質問に質問で返すのは、相手を煙に巻くためのテクニックとして使う人もいるから、「不誠実な態度だと受け取られないといいけど」とちょっと思ったりしていた。

ただし、この場合は、その人にとっての「うまく」「ちゃんと」の定義を聞きたいから尋ねているんだとわかってほしい。

質問したおかげでわかったのは、そういう人たちは「うまく理解しないといけない」「ちゃんと伝えないといけない」と焦りにも近い思いでいることだった。

その気持ちの出所を探っていくと、聞くと言えば「共感する」ことであり、話すとは「情報の正確な伝達」なのだと、なぜかコミュニケーション能力をそういうものだと思っているところにあった。そうなると、「『わからない』と言ってはいけない」「誰にでも開かれた態度でいないといけない」。あるいは「滑らかに話さないといけない」と強迫的に捉えてしまってもおかしくない。きっとうまくできない場合が多くて、ますます自分に自信が持てなくなるだろう。

だけど、人と人とが出会い、語られたことに耳を傾け、思いを口にすることは、共感と伝達といったことに狭められてしまうことだろうか。

私は長年インタビュアーとして研究者やアスリート、政治家、ミュージシャン、アウトローなど、階層もさまざまな人たちの話を聞いてきた。数年前からは著名人ではなく、〝普通〟の暮らしを送る人たちの声を聞く「インタビューセッション」という試みも始めている。

きっかけは知人が「仕事のモヤモヤがあって整理したいからインタビューをしてほしい」という依頼だった。彼女にとってはその体験が良かったようで、周りに「おもしろい体験だった」と勧めてくれ、それからちらほらと依頼が舞い込むようになった。世の中には、話を聞いてほしいと思っている人がこんなにもいるのだと知って驚いた。

そのうち福祉関係者の講習会や学校の授業にも招かれるようになったのだけど、そういう現場で尋ねられるのが冒頭の「どうすれば話をうまく聞けるようになれますか?」「思っていることをちゃんと話せるようになるコツはありますか?」だったりする。

多くの人が気にしている「うまく」「ちゃんと」が落とし穴だと思う。何かができないとしたら、できないだけの理由があるのだから、「うまく」「ちゃんと」を取り除いた方が自分が何につまずいているかはよく見えてくるはずだ。

たとえば「走れるようになりたい」のなら、とりあえず走ってみればいい。「料理が作れるようになりたい」のなら取り組みやすいレシピから選んで作ってみたらいい。「試してみる」といったシンプルな行いにしてしまえば、「うまく」「ちゃんと」の出番はなくなってくる。

それでも「ああ、でも失敗したら嫌だしな」と尻込みするのなら、実は失敗しないことに一番の関心を払っているのであって「うまく」「ちゃんと」は二の次だというのがわかる。そうやって自分の意図が明らかになるのは、「本当は何に関心を払っているのだろう?」と自分に尋ねてみるからこそわかることだ。それこそ自分の話を自分で聞くということで、そこで「なるほど」と腑に落ちたのなら、「じゃあやってみるか」と勇気も湧いてくるかもしれない。

自分なりの聞き方や話し方を試しても、最初はまごついたりして、雰囲気が悪いと感じる中で聞く場合もあるだろう。ぎこちなさのあまり、話がつかえて、「どうしたらいいんだろう」と焦る気持ちも出てくるだろう。最初は仕方ない。だけど、そういうときでも自分に訪れる変化を味わえば緊張の中にもくつろいで息ができる隙間を見つけられるし、それが活路を見出すことにつながるはずだ。

この本では、私がこれまで取材で出会ってきた人たちとその経験から知ったことを踏まえ、聞くこと・話すことについて書いていく。

私たちが目にするコミュニケーションは情報の伝達を目的にしたやり取りか警告、指示、命令がほとんどだ。それが多くの人には「息苦しさ」に感じられているのだと思う。だから、ちゃんと息をして、リラックスして話し、聞く。それがもたらす喜びについて書いていくつもりだ。喜びはノウハウからもたらされはしないと知っておくのは、けっこう大事だと思っている。

CONTENTS

第2章

まだ語られていない声を聞くということ

第3章

あなたがあなたとして存在することを認める

第5章

私とあなたのあいだにある言葉

第 1 章

身体とその人の声

――濱口竜介さんとの出会いで気づいたこと

〝ああ〟はなぜ生まれたか

美しい風景に息を呑む。人の振る舞いの見事さを目の当たりにした。思わず「ああ」と声が漏れてしまった経験が誰しもあるはずだ。そのときに、なぜ「ああ」と言ったの？と理由を尋ねられたら、あまりに無粋に感じる。でも、そう問われたら「感動したからだ」ときっと答えるだろう。

続けて、「ああ」とはどういう意味だ？　なぜその感動が「ああ」という言葉でなければならなかったの？　と、またしても言わずもがなに思えることを聞かれたらどうだろう。内心ちょっと面倒くさいなと感じはしても、確かにこの感動が「ああ」でなければならない理由が見当たらないなと気づくはずだ。

「ああ」という語そのものには意味がない。意味はないけれど、私たちは心がひどく揺さぶられると「ああ」とうめく。うめくとは唸ること。意味を考えて「ああ」とうめくわけではなく、思わず出てしまった。そこに意味はない。

意味のないことを口にすると「生産性がない」と非難されかねない、そんな寒々しい時代ではあるから、まともなことや気の利いたことを言わないといけないんじゃないかと内心思っている人がわりと多い。そこで意味のありそうなことを言おうとするけれど、その試みは、たいていは社会が用意している常識に沿った、誰が口にしても代わり映えのしない正論に落ち着く。

たとえば周期的に起こるSNSでの炎上騒ぎだ。ネット上で見聞きしただけの、他人事であり遠くの出来事に「許せない」「ひどい」と異口同音の内容を口にする。社会にコミットした結果の、この類いの意味のなさと「ああ」の意味のなさの何が違うかと言えば、間違いなく強度だ。

■息を吐く音に意味はない

万葉仮名には「嗚呼（ああ）」が見られる。嗚呼が当て字であることからわかるのは、漢字がこの列島に辿り着く以前から「ああ」はあったと推測されることで、ともかく感嘆を示す古い言葉なのだろう。

「あ」は日本語の中では最初に出てくる母音だ。そんな強い語であるはずの「あ」を連ねて「ああ」というからには、深い感嘆につき動かされて思わず「ああ」と出てしまったのだろう。「思わず」というところが大事だ。意味よりも前にあることだから不意に出てしまう。

なんの根拠もないけれど、ここまで読んで「ああ、なんとなくわかる」と、またしても「ああ」が口からこぼれてしまう人がいるとすれば、それは日本語を話せる感性からすると、「やっぱり、こういう場面では間違いなく〝ああ〟だよな」と、理屈抜きにしっくりくるからこそだろう。

私たちはいつの頃からか意味や理屈が見当たらないことに耐えられなくなっている。なんでも情報に置き換えないと不安で仕方ないからエビデンスや客観性を求める。それらをたくさん集めたら足場を固められるから自信がつくはず。そう考えはしても、それらを手にすればするほど、常に外部の意味や根拠に依存していないと落ち着かない自分になっていくので、実際にはますます自信を失っている。

嘆息《たんそく》とは、ため息と共に表出してしまった深い感動だ。息を吐く音が「ああ」だった。それは意味以前の音の連なり。言葉の起源は音だった。

最初に海を見た人のことを想う。海原の広さ青さ、波濤《はとう》の轟き、白い泡を含んだ波の寄せては返すさま。島にいた太古の人はこれらのことを体験し、身の内から溢れ出たものがあった。吐く息が伴って身体からこぼれ出たのが「う・み」で、そのときそれ以外になかったのではないか。

うみがうみであることに意味はない。意味を超えているからこそ強い意味を帯びており、ひとたびそれを口にすると周囲のものを変容させてしまう。それからはもう「うみ」をうみとしか呼べなくなるのだから。そのようにしか現実を捉えられなくなる。それを昔の人は、ことだま（言霊）と呼んだ。起きていることと言葉とは同じであり、そこになぜ？も意味も問えない。翻って言えば、言葉にするとは事実になることだ。うみと呼ぶからうみはうみになるのだ。

■さよならの心模様をなんと伝えるか

私が何かを話そうとするとき、実のところ意味を伝えたいわけではない。言葉がほころびてしまう寸前の、何かをかろうじて言いたいのだ。けれどもたいていは成功しない。幼い頃からそうであったように、意味になりきらない声と音とが玉突きを起こし吃ってしまうからだ。かつては吃ってしまったことに足をとられて、それ以上はしゃべれなくなってしまっていた。だが、今は声と音とが不協和音を奏でながら進むのをためらわない。私は跛行《はこう》するようにして言葉を口にする。

いつも言いたいことはそれではないという思いがある。それは常に意味にならない何かだ。言いたい「こと」は意味に捕まえられない音を通じて響かせるほかない。言葉がつかえ吃るとき、うまく言葉にできないあまり、そこに気持ちが囚われようとする。

焦りのジリジリと焼け付くような痛みと恥ずかしさが、この場から逃げたい気持ちにすべて任せて身を隠そうとする。その急かす速さに心がつれ立ってしまえば、言葉がつかえている源を探しても何も見えなくなる。ただ言葉に拒絶されているという壁しか見当たらないから言葉を紡ぐ手がかりがない。だからこそ焦慮と恥じ入る情動の速さに動かされてしまってはいけない。その気持ちのずっと奥にある、名付けようのないものに目を向けたい。

たとえば親しい人との別れ際に訪れる、あの去り難いことだけははっきりしていても、言葉で言い表せない感覚を思い出してほしい。「さよなら」は「左様ならばこれにてお暇つかまつる」といった、「左様ならば（それなら）」の省略を起源とする。「それなら」自体は心残りを表す意味を持ち合わせていない。

「さよなら」という言葉の前にあった、決して言い尽くせない「さよなら」の心模様を古人はなんと口にしたのだろう。その切なさが歌になったのではないか。そう思うと、歌の

身体とその人の声
――濱口竜介さんとの出会いで気づいたこと

始まりは話し言葉よりも先にあったかもしれない。できれば私は歌うように話したい。歌の調べを耳にしたい。

私たちは言葉の前の意味にならない音を使ってかろうじて言葉として響かせている。だとすると、人の話を聞くというのは、とても不思議なことだ。音の連なりを耳で聞いて、それが意味に変換されるのだから。

本当のところを言うと、誰しも言葉を耳だけで聞いているのでもないし、意味のみとして受け取っているわけでもないはずだ。

音楽に耳を傾けるとき自然と身体を揺らし、手拍子をする。奏でられたギターの音の意味について尋ねたりなんてしない。ただ、心が動いたり、身体が揺れたりすることで応えている。話をするのも聞くのもそういうことだと思う。言葉が色彩として感じられる人もいるように、微細に見ていくと、人それぞれ体験が異なるはずだろう。けれども、意味だけに置き換えようとしてしまうから、自分が何を体験しているのかがわからなくなる。

コミュニケーション能力の向上が大事だという掛け声が、それぞれの体験の異なりを消してしまう動きに拍車をかけている。そのように私は思っている。

巷にはコミュニケーション能力を高めるセミナーが溢れているし、書籍もたくさん出版されている。宣伝文句から窺えるのは、心理療法の影響もあってか、共感や傾聴の重要性を訴える様子だ。

■聞こうとするから聞こえなくなる

「相手の話に対して注意や関心を持って共感しながら聞く」といった傾聴の実用例からわかるのは、その聞き方は話し相手に「意識的な集中」を行おうとしている場合が多いことだ。聞きながら同時に、何が話されているかを頭で理解しようとしている。いわばモニタリングだ。そうして相手の話す意味を正しく捕まえようとしている。

その際、たとえ表情や身振りを感覚で把握しているつもりでも、意識的に聞こうとして聞いている限りは「感覚的理解」という概念的な行為でしかない。食事を味わおうとして味わっていては、味がわからなくなるのと同じだ。それでは「感じている」というリアルタイムの出来事から遅れてしまっている。

言葉は意味を伝達するためにある。少なからずそう思い込むところに現代人の言語観があるのだろう。けれども私たちは「ああ」がそうであるように、意味にならない感覚、思い、それ以前の名状し難い「こと」を音として響かせたい。そうした原初的な欲求があるはずだ。だから口にした言葉に意味だけを見出そうとする限り、決して相手が話に託した思いや感覚に近づけないだろう。

さらに言えば、意識的に集中して相手に対するとき、実際には相手に関心が向かっていない。確かに聞き手は「ちゃんと聞こう」と考え、そういう姿勢で臨んでいるだろう。けれども話をしている最中に概念的な理解をしようとして頭で考えてしまうということは、相手の話から常に遅れている。「この人の言うことはつまり――」と考え、「次に何を言うことがベストなのか」とほんのわずかでも思案する。それは、そのときとその場にいながらそこにおらず、想定の中にまどろむことを自分に許している。端的に言えば、話を聞いていない。

先述したインタビューセッションという試みは、カウンセリングでもなく、問題解決でもなく、ただ話を聞く場として設けている。いわゆる傾聴と違うと思っているのは、話し手の中でこなれた感情表現や伝達のために用意された意味を聞き取ったり、それらに対して「そうだったのですね」といったような反応を示すような、共感を重視していないからだ。

理解と呼ばれる行為が「つまり、あなたはこういうことを言いたいんですね」という言明に置き換え可能なものであれば、それは〝回収〟であって聞くことではない。もしくは自分が理解できるものを相手に見出していると言えるけれど、それは投影であって理解とはほど遠い。

インタビューセッションを始めて気づいたことがある。人の話す言葉は、その人が自覚できないけれど、当人に必要な物語を引き連れていて、そこに悔悟や憎しみ、怒り、悲しみが滲んでいることだ。

インタビューセッションにおいては、どうして自分はそのような言葉を繰り返し用いては毎度のように怒り、悲しんだストーリーを話すのか？　そう本人が問い始める。それが意味よりも広い範囲にわたる謎の発見につながっていく。

意味は「言っていること」であり、意味以前の心中に鳴り響く音は「言わんとしていること」。このふたつの違いに明敏であるには、意識的「集中」の聞き方では追いつけない。そして、これらの違いは、音のズレとして私には聞こえてくる。

そういうときの声が気になっていた。その気になり方を「その人の身体ではない声」という表現によって捉えられるようになったのは、映画監督の濱口竜介さんとの出会いがきっかけだった。

第 1 章

身体とその人の声

――濱口竜介さんとの出会いで気づいたこと

濱口竜介さんとの出会い

濱口竜介さんにお会いしたのは2017年の年の瀬だった。濱口さんが「聞くこと」を重視して映画を撮影していると知り、私のサイトのインタビューコーナーに登場いただいた。聞くことと演じることの関わりについて、ぜひ尋ねてみたいと思った。

両者の関係に対する質問に、濱口さんは酒井耕監督と共に撮影した、東日本大震災を扱ったドキュメンタリー映画「なみのおと」「なみのこえ」「うたうひと」という「東北記録映画三部作」での出来事から話された。

未曾有の災いにあった人の話を聞くのは怖いと感じたという。その感覚は多少なりともわかる。私も以前、広島と長崎で二重被爆された方にインタビューした経験がある。その際、何を手がかりにして、どのように聞いていいかわからず戸惑った。その人の経験を前にしたとき、あらゆる質問の言葉が釣り合わない気がした。けれど臆しているだけの態度でいることもまた不誠実だ。こちらが発する言葉以前の一挙手一投足が問われていると感

身体とその人の声
――濱口竜介さんとの出会いで気づいたこと

じた。言葉を細密に話す慎重さが必要だった。

マスメディアは東日本大震災で被害を受け、近しい人を亡くした人たちを「被災者」という大きな括りで扱う。マスである限りそうせざるを得ないのだろう。だが、それはひとりの人生を描く緻密さからほど遠い。一人ひとりの体験は決して一般化されない。被災という出来事を通じてではなく、その人たちの語りを聞くことなくしては、〝その人の声を聞くこと〟にならない。濱口さんもまた怖い思いをしつつ、「どんなことでもいいから話してください」という姿勢で臨んだという。すると、カメラの前の人たちの話す姿に被災者のイメージを超えた活気、その人たち自身の存在を強く感じたのだという。

「聞かれているという感覚が、人がなにがしかの自分自身を表現することの基盤になる。『あなたのことを聞きたい。あなた自身に価値があるからです』というスタンスで接することで、その人自身が発露するように感じました」

「信じられる声、少なくとも今この場で、この関係性の中で、信じられるものをたくさん聞いた気がしました」

その体験がずっと感じていた撮影の際の問題への解決の糸口になると思ったという。問題とは、自分が見たいと思っている演技が必ずしも毎回現場で生まれるわけではないということだ。

■「あなたを知りたい」という思いが信頼を生む

見たい演技が現場で起きているとき、「自分の目の前で今、空間の質が変わったような感覚」が立ち上がる。カメラは〝それ〟をすべてではないにせよ撮っている。そうした変容がどのようにしてかはわからないが時折起こる。

「その人自身の発露」が〝それ〟をもたらしているとして、俳優の演技がうまければそうなるわけではない。演技の巧拙《こうせつ》で片付けられないのは、ドキュメンタリー映画で出会った人たちは市井の人で、プロではなかったからだ。つまり役者がセリフを覚えて演技し、たとえ表現として出来の良いものだとしても、〝それ〟は生じないわけだ。

「あなたを知りたい」という思いから生じた「聞く」態度によって、信じられる声や演技が生まれたのだとする。そうであれば互いに聞き合う演技空間ができれば、今までよりもっと信じられる声を聞けるかもしれない。濱口さんはそう思ったという。

互いが「あなたを知りたい」と思い、だからこそ相手に何かを率直に尋ねるとき、そこ

身体とその人の声
――濱口竜介さんとの出会いで気づいたこと

に信頼が生まれるのではないか。これもひとつの空間の変容だ。その信頼は社会的な地位だとか、なんらかの元手や根拠をあてにしたものではないはずだ。

私たちは普段の暮らしの中で意識を中心とした人生を送っている。「いつまでにあれをしないといけない」「こんなことを言っては何を言われるかわからない」「がんばって目標を達成しないと実りある人生だと評価されない」と常に意味や効率、承認欲求に満ちた振る舞いをしている。その不自然さも板についたもので、たとえ乗り気にならない嫌なことであっても「嫌と言ってはわがままだと思われる」と自らに鞭をくれてやりきっている。「何かのための何か」にいつも自分を注いでいるといっていい。

そのように絶えず意識的であれば、ひとときも安心できないはずだ。自分を明らかにしない暮らしを送っているに等しいにもかかわらず、それを標準的な生き方とする世界に住んでいる。私そのものであるのではなく、誰かにとっての何者かとしての仮面を被り、防備を固めて暮らしている。

だが、「あなたを知りたい」というあまりの率直さに触れたとき、身にまとった鎧を脱いでもいいのではないかと思い始める。私が私であることを許される、認められる。そこに「私自身であっていいのだ」という安心を覚える。確実な約束を与えられるからそれが信じられるのではなく、ただ許され、認められることに自らを懸けようとする。それが信頼ではないか。

そうなると「あなたを知りたい」という問いかけで重要なのは「何を聞くか」でも、それによって話された言葉の理解でもない。この場にいる互いのあり方にただ注視する態度だけが必要だ。

そのとき聞くことは意味の理解につながらないだろう。というより、つなげる必要がない。日常においては、聞くことを理解にすぐさま結びつけてしまう。ともかくわかろうとするのもまた意識的な行為のなせる業《わざ》だ。そこからは信頼して言葉を紡げる関係性は生まれにくい。

言葉を知的に理解しようとする前に「完全に聞く」ことが重要だと思っている。私もまた完全に聞くという姿勢がどうしてか相手を活気づけたり安心感や勇気づけたりすることにつながっていくことを経験的に理解している。そのように言うと、濱口さんはこう答えた。

「『完全に聞く』とは『ただ聞く』だと思うのですが、おそらくは余計な聞き方をしないことが大事だと思うんです。ただ聞けていないときに排除されているものがどういう要素なのか。何が余計な聞き方を生じさせているのかということになりますね」

■「ただ聞く」を妨げるもの

演技においても俳優が「ただ聞く」に徹することができないときがあるという。「これをやったら監督や観客にどう思われるんだろう」と考えてしまったとき、演技に濁りが生まれる。そうであれば、他人の思惑に左右されない、ある種の「集注」状態に達してさえいれば、「どう思われるんだろう」は消えるはずだ。

だからこそ「役者がいかに周囲からジャッジされているか。もしくは自分で自分をジャッジしている感覚を減らせるか」が大事だという。その上で必要なのは「演者が『今・この場』にフォーカスしていくこと」になるので、なおのこと役者が自身の深いところを観察していく。つまりは「テキストと役者の関係に、役者自身が注目していく」ことは欠かせない。

これはただ自分に注目するということではない。単に自分に注目するのであれば、「私という外部の視点から自分の内を観る」という二点間を結ぶ視線になっている。だが、「テキストと役者の関係に、役者自身が注目していく」とき、そうした「外から内へ」という関係性をさらにその外から観ているはずだ。

言い換えると、これは役者と言葉と役柄の関わりが分かれていながら、互いに緊密で隙間がない状態だろう。だから、たとえテキストが書き言葉であり、それが演じるために用意された、普段なら言い慣れない言葉だったとしても、その人がその人の身体で、息と共に言葉を口にしたとき、その人の鳴らす音になりえるのではないか。

もちろん、「その人の身体」というとき、それは役柄としてなのか。それとも役者ではないその人自身なのか。はっきりと見極めのつくものではないだろう。ともあれ私は濱口さんと対談するうちに、声のズレはジャッジされることへの怖れ、「今・この場」にいる自身への注目から外れたときに起きるのだと改めて思った。

それから4年経った2021年、今度は雑誌の特集のインタビュアーとして再び濱口さんにお目にかかった。この間に手掛けられた「偶然と想像」がベルリン国際映画祭の銀熊賞を、続いて「ドライブ・マイ・カー」がカンヌ国際映画祭で脚本賞などを受賞されており、濱口さんのメディアへの露出が増えるたびに、映画を撮るにあたっての徹底した「本読み」が知られるようになっていた。

「本読み」とは、脚本を抑揚をつけず、なんの感情も込めずに読み、役者同士がそれを聞く試みだ。濱口さんによると、感情を込めずに「棒読み」するのだが、最初は意味に足を取られて声が詰まったりする場合もある。段々とそれがなくなってきても抑揚がどうしても出てきてしまい、改まらないセリフがあるという。そこは「想定されてきた演技が入り込みやすい場所」だ。

演技に「集注」するとは、覚えたセリフではあるけれど、それを今初めて言うことでもある。いわば「その場で起きていることに反応すること」である。思い込みがもたらす言葉の意味とそれがもたらす抑揚をいかに取り除いていくかが重要になる。

「たとえば〝りんご〟と口にするとき、りんごをイメージするのはそんなに問題はないと思うんです。ただ『りんごが好きです』みたいな言葉があったときに、それをどう言うのかという問題があります。『このような音量と発声と表情で言う』と演技の上で決められはします。けれども前もって決めてしまうと『現在』というものに反応できなくなる。自分の過去において持った想定に対してより強く反応して、その結果、身体が演技をしている『今現在』の時空から離れてしまうのではないか。そうすると役者のあいだで相互作用が起きていないということがカメラに映ってしまう」

そのときカメラに映るのは、「定型の感情表現」みたいなものだ。過去の残影がちらつく。「今・この場」での切実な振る舞いを導き出すためにも、本読みでは、想定されたパターンを演じるとき特有の抑揚を徹底してなくす。その試みの中で「あぁ、この人ってこういう声を出す人なんだな」と思える声に出会うのだという。抑揚をつけないで読んでいるだけではある。だが、ひたすら繰り返し読む中で、またしても空間の変容が起きる。

もちろん本番では俳優同士が相互の反応を軸として自由に演じてほしいというのが、濱口さんのやり方の核ではある。ただ、「相互の反応」が想定ではないところで生じるには、抑揚をそいでいく過程が必要だ。それがあってこそ本番では、微細なニュアンスに満ちた演技が生まれる。

■本読みがもたらすその人の声

「読んでいる人が何か自由を感じているんじゃないだろうか、と勝手にこっちが想像するような状況というのがあります。そういうときは、すごくオープンな声が出てくる。それが『あ、こういう声の人なのか』で、何かその人自身のことを言語化できないレベルでより深く知ったような気持ちになる」

「こういう声の人なのか」という瞬間に立ち合うためには、監督と俳優であるとか夫と妻であるとか、想定された関係性の外に出ることが必要になる。翻って言うと、その人でありながら、その人ではない声として出会っているときに聞く抑揚や感情は、社会性に裏打ちされている。

では、声に抑揚をつけないことをなぜ自由に感じるのか。棒読みは無機質で感情もなく、むしろ豊かに話そうとする気持ちに拘束感をもたらすのではないかと思うだろう。

けれども普段から「こうでなければならない」と思い込んで話の調子に意味づけを行っていたり、相手との関係の調整に絶えず気を使っていたりすれば、声に抑揚がついてしまう。それらは自分を値踏みしようとする周囲への防御が生んでいる。だとすれば、棒読みには他人からの期待について一切のリアクションをせずに済むという自由があるはずだ。自分が言葉に付けている意味を剝いだときにその人の声が出てくる。

「そういう声を自分で聞くことは難しいかもしれない。ただ一緒に読んでいて、役者同士が他の人の声をすごく良いなと思いながら聞いている瞬間というのは絶対あると思うんですよね。この声をそのまま保ってやっていきたいと思うことがあるんじゃないだろうか、と思っています。演技ではあるけれど演技というのは、〝フリ〟をし合うこととはどうも違う。もしくは、もっと楽しいことがありそうだと思うことがあるんじゃないか」

それを「身体とそんなに違和感がなくなってきている声」と濱口さんは言う。そのとき自分や他人からのジャッジを気にかけてしまう問題は解消されている。「この声をそのまま保ってやっていきたい」とは、消えていく声の響きこそが互いの信頼の拠り所となっている。無形であるからこそ、その人をその人たらしめる強い力を発揮するのではないか。

想定は自分から相手を一方的に見てジャッジすることだ。本読みの際に声に色がついてしまうのは、今目の前にいる人に対して想定した演技という過去の再現を持ちかけているからだとも言える。それは現前の人を否定していることに等しい。

濱口さんは先に「ただ聞けていないときに排除されているものがどういう要素なのか」と言った。排除されているのは私以外に存在する人、他者ではないか。

本読みは、自分から相手ではなく、相手から相手を観る上で優れた手法だと思う。相手というのが役柄だとして、それは他者だ。役柄としての自分から役者としての自分を観る。それが可能なのは、自分が他者であり、他者が自分であるからだ。

「相手から相手を観る」とは、その人の話をその人の話として聞くことでもある。私の予見を通してではなくして。本読みは、今ここで初めて起きたこととして他人と出会うための扉を開ける行為に等しいのではないか。

俳優と違い、私たちが抑揚をつけずに話せば自由になれるわけではない。だが、ヒントは「こういう声の人なのか」にある。おもねらず、攻撃せず、積極的に開示しようと焦るでもなく、ただ自分としてあること。何かをしなければいけないと周囲も思っている中で、自分が「ただそうである」とき、相手に「私もそうしてもいいんだ」という信頼を与えるのではないか。

音のズレが聞こえる

俳優ではない市井の人にとって「定型の感情表現」が入りやすい場所は「共感」ではないだろうか。インタビューセッションをしているとそう感じることが多い。

共感をあてにして「私のことをわかってほしい」という思いを募らせてしまうと、ともかく自分への注目を目的とした話の運びをするようになるし、聞き手の同意を取り付けるためにさまざまなテクニックを無自覚に用いるようになる。自分の存在の手応えを他人に貪り求めてしまう。そこまでの飢餓感を抱くのは、人間だからこそではある。

そうなるだけの事情も含めて理解はできる。とはいえ、相手の飢えを満たすために私がいるわけではない。まして、そういう念と付き合ってしまうと話がこじれて前に進まず空転してしまう。

だから「そうですね!」と「そうですか?」のあいだを縫うようにした「そうですか⁉」で応えるようにしている。「⁉」の声音で「わかってほしい」という期待に応えず、かといって「そういうのは良くない」とジャッジもせず淡々と話を聞いているわけだ。「それは大変でしたね」と共感も高く、エモーショナルな反応を示す方がウケがいいのはわかっている。だけど、それは真摯さに欠けると思ってしまう。何よりその人の声が、音のズレが気になって仕方ないので、そんな態度がとれない。

語る人がひたすら承認されたいという飢えに煽られて話す場合、息せき切っての切実さがある。だからと言って、ただちにその人の語ることが真実であり、語る内容の重みを物語っているわけではない。

承認を求める飢餓感に引きずられてしまうとは、自我に乗っ取られたままに話すことでもあり、切迫した声の調子に聞こえても、それはその人のありのままというわけではない。むしろ彩りが派手な分だけ、その人らしさを裏切る饒舌さをもたらしている。それを声のズレとして感じる。

言葉は意味に置き換えられやすい。比べて音として聞こえる声や佇まいのありようは意味ではなく、ただその人の身体の状態を示している。声がズレているとは、「心ここにあらず」ということを示している。その人は「ここ」にいながら「ここ」にいない。その隔たりが私に受け取ってほしい意味として強調される。

私はそのような「意味」を受け取らない。そのため取り付く島がないと感じるかもしれない。かといって相手の言い分を聞かなかったことにするのでもない。ただ目の前にいる人間として応じる。そうして私は意味に隠されたその人の意図について尋ねる。言ってい
ることではなく、言わんとしている音に耳を澄ます。

■ノウハウでは聞き取れない

この「耳を澄ます」を抽象的と感じるのだろう。「どのようにすれば耳を澄ますことができますか？」と具体的に聞かれる機会がそれなりにある。

質問の根底に控えているのは、おおむねこうだ。「正しい見解を知ればトレーニングによって能力を身につけられるはずだし、だからノウハウについて尋ねるのは関心の高さの証である」。残念ながらそれは錯覚ではないだろうか。

ノウハウという具体を知ることが興味を持った事柄への接近に思えて、実際はそこから遠ざかるルートを選んでいる。まして耳を澄ますことは、ミラーリングや相手と目を合わせ、熱心に聞く姿勢を示すといった具体的な形やノウハウにすればかなうわけではない。具体性を求めるほど望んだ結果にはならず、虚しい努力になると思う。

「言っていることではなく言わんとしている音に耳を澄ます」とは、澄ますことを通して

話を聞くことではないからだ。相手とのあいだに生じた変化によって「耳を澄ましていた」と後でわかるものだ。

聞くことは話すことと分かち難い。その人の言わんとすることを聞いているからこそ、それに応じて出てくる言葉がある。応じるとは考えることではない。やはり意味を追いかけていては遅れてしまう。

なおのことインタビューセッションでいつも気になるのは、話している内容の意味ではなく、その人の身体に馴染んでいない声だ。馴染んでいないとは、先述した音のズレであり、感情の揺れや波が声に出ていると言ってもいい。

そうした起伏は人間らしさの証であるから、感情の揺らぎに乗って話を引き出すのはごく当たり前かも知れない。たしなめたり同情したり共感したりといった手法が有効な人や場面もあるのは間違いない。ただ、そういうやり取りは人情もののドラマ仕立てであり、あくまでエンターテインメントに思える。

ミュージカルのような喜怒哀楽のメリハリの利いた言葉が語られ、涙を流し、あるいは憤慨しと感情を強く伴うほどに、それらが奏でる物語に浸れる人もいるだろう。湧き上がる感情や感覚は嘘ではないけれど、その感情の抑揚がある種の演技になっていると感じられるから、私にはかえって一本調子に観えてしまう。かといって淡々とした口ぶりの中にも演技的な抑揚は潜んでいるものだ。

ドラマティックな語りと淡白な語り。どちらも私が引っかかるところは音のズレにおいて共通している。何が音をズレさせているのかといえば、それは技巧だ。

■演技とコントロールのための話に取り合わない

冒頭で述べたように、共感への期待をもとにした話の展開に同意を取り付けようとする意図がある限り、それがある種の演技になってしまう。そして、それに付き合う関係性を求めるといったコントロールへの渇望も見え隠れする。

だから私は自分が使い慣れた言葉とそれが生まれてくるところを観てもらうために、このように伝える。

——あなたは「そのように言うこと」によって何が手に入ると思っているのでしょうか。

——それを手に入れることで失ってしまうものがあるとしたら、それはなんでしょう。

「そのように言うこと」は現に話したことではなく、共感や同意を取り付けようとして話したことの動機だ。ある意図のもとに話したのであれば、そこには特定の結果への期待という方向性があったはずだ。それに従って話すことによって実際には何が得られたのか。演技やコントロールといった技巧と意図が本人に無自覚であれば、この尋ね方によって「自分はどのような立ち位置で、どのような視点で話をしたのか。何がその立ち位置と視点を可能にしているのか」が明らかになってくる。

そして、「手に入れることで失ってしまうもの」とは何か。話の方向性が絶えず「自分が望ましいと思うような理解を得られる関係性」への期待といったように、最初から決まっているとすれば、いつも「現状の自分を肯定される」という想像通りのことしか起きないわけだ。それを望んでいるのだから、願いはかなっている。

けれども、そうなると何も新しいことは起きないという失望を抱えることになる。「私のことをわかってほしい」という期待がかなうほど虚しさが生まれてしまう。失っているのは、未知であり可能性だ。

だとすると、その人が共感を望んで話していることは、必ずしも切実に聞いてほしい願いではないのではないか。共感では届かない、もっと深いところに自覚されない訴えがあるのではないか。

もちろん共感への期待がいつだって悪いのではない。自分の悲しみを額面通り受け入れられて、安心して涙を流す。その甘美さの魅力もわかる。けれどもインタビューセッションという場で設定しているのは、「その人の話をその人の話として聞く」ことだ。

たいていの場合、人は相手の話を「その人の話」としてではなく、「自分の話」として聞きがちだ。自分の理解できる範囲の出来事を相手に見出しては「わかる」と言い、共感できないことはただちに「わからない」と判断する。わからなさを前にした途端、実際には口にしなくても、心の中で相手の話に対して「つまり・結局・要するに」を持ち出して解釈することに忙しい。その後に続くのは「だから良い・悪い」のジャッジだ。

■相手を理解するのではなく、わかろうと試みる

話している最中に「つまり、あなたの言いたいことは……」という返しが続いて、それが的確だったとして、束の間は「わかってくれて嬉しい」と思うかもしれない。けれども、しばらくすると燻《くすぶ》る思いが出てくるのではないか。なぜなら相手のしたことは要約であって、決してあなたの思いは最後まで聞かれてはいないからだ。

仮に80年生きてきた人の話を聞こうと思ったら、本当なら80年かけて聞かないといけないはずだ。でもそうはできない。何をどう聞こうとも、その人に届かない歴然とした事実

があるにもかかわらず、さらに要してしまってどうするのだろう。それよりも大事なのは、ただ話すことをただ聞くことだ。

「その人の話をその人の話として聞く」とは、私が相手の話を聞いて善悪や正誤を決めるのではない。コントロールするのでもない。特にコントロールについては鋭敏でありたいと思っている。

都会に住んでいると言葉のやり取りの中で関係性が完結してしまいがちだ。たとえば職場でマウンティングを受けたとしても、本当に身体を用いて組み伏せられたわけではない。マウントを取る人も言葉で優位性を確認し、コントロール願望を満たそうとしている。それへの反撃もやはり同じやり方を試みるだろう。腕力を振るっては社会性から逸脱するから、互いに言葉によって権力関係を競う駆け引きを行う。その結果、身体はともかく精神的に疲労する。

会社や組織で見られる、このようなパワーゲームで交わされる話法に慣れてしまえば、警告の言葉を使ったり、従属を受け入れさせることも次第に〝自然〟に感じてしまう。けれども、それが本当に自然かどうかは明らかだろう。身近な社会性に感じる自然と違って、自然環境において支配欲求を満たそうと思っても、雨も風も思いのままにはならない。だから自身の言動もおのずと謙虚にならざるを得ない。

私は山や海に接して暮らしている人たちの話を聞く機会を得たことがある。彼らは人間だけを相手にしたコミュニケーションを重んじておらず、そのため都会に住む人の感性からは、慮りもなく繊細さに欠けるように見える。だが、ここでいう繊細さは、互いに言語に依存したゲームを繰り広げるためのものでしかないように思えて仕方ない。

そうした経験を踏まえると、本当は人間も自然の一部であり、誰しも自分の思いのままにはならない存在だということがわかってくる。社会を生きる上でも謙虚さが必要で、そのためにも自分の内側に耳を澄ましておかないといけない。そうすると私にできるのは、傲慢にも相手の話の要約をすることでもなければ解釈でもない。まして完璧な理解ではないことだけはわかる。

そのためインタビューセッションはジャッジをせず、ただ完全に聞く場であろうと定めている。「完全に聞く」とは相手を完璧に理解することではない。わかろうと試みる状態のことだ。

そういう時間と空間であるためには、互いの協力が必要になる。どのような関係性がそれを可能にするかといえば、少なくとも話し手がその人のすべてで「今ここ」において話すという態度が必要になる。

共感や同意の取り付けという意図を伴った技巧的な話は、たとえその人の表している態度が真に迫ったものであっても、想起している過去の感情をなぞった〝感情的〟なものでしかなく、その人の今ここでの感情ではない。ドラマティックに見えて、何も出来事は起きていない。過去を反復する感情的な声には抑制の色合いが濃い。その人自身の声からは遠い。

第 1 章

身体とその人の声

——濱口竜介さんとの出会いで気づいたこと

私たちが尊厳に気づくとき、言葉はその人の声と共に語られる

他者とのコミュニケーションについて「どのように」というノウハウから技術を向上させようとする情報には事欠かない。そこに留まる限り、交わされる言葉は深まりを見せないだろう。

改めて濱口さんの話を振り返る。役者があるセリフを口にし、ある動きをする。そのときにあらかじめ「こうすればいい」と思い描いているリアリティを持ち込んで再現しようとしても、決してそうはならない。

「想定している現実のようにはその人の身体は動かないので、ある種の葛藤が身体の軋みみたいなものとしてカメラに映る」

これは演技においてのみ起きることではないはずだ。先述した私が感じる音のズレを

身体とその人の声
――濱口竜介さんとの出会いで気づいたこと

「身体の軋み」と言い換えるとすれば、役者が演じる際に起きてしまうことと市井を生きる私たちとのあいだで共通しているところが見えてくる。その人がその人の身体を受け入れていないときに葛藤が、ズレが生じるということだ。「社会からの評価にかなう自分でいなければ」とか「自分には能力がない」と日頃から現状を否定し、想定の自分に耽っているのであれば、当然ながら私たちは「その人の身体ではない声」を聞くことになる。

本読みは、想定を再現しようとする回路を断つ働きがあり、繰り返すうちに「その人の声」が露わになり、何かそこに信頼の礎みたいなものが立ち上がる。そういう効果があることはこれまで記してきた通りだ。

その人の声が明らかになると生じる変化。これは役者と一般人を分け隔てることなく起きる現象だろう。音のズレも身体の軋みも具体的な音として聞こえるわけではない。あくまで「そのように観える」もので、陽炎のようなそれは、私たちが日常で慣れている根拠を示すやり方では確認できない。「確かに今それが訪れた」と目配せや、あるいは「なるほど」と腹落ちでかろうじてやってきた出来事の存在を示せる。それは身体がなければわからないものだ。

不確かでありながら、その瞬間の訪れにこの上なく安心や信頼の心持ちを得るとすれば、私たちは言葉で確認できる範囲の外から、その瞬間が到来することを待ち望んでいるのではないか。

■怖れから行っている日常の演技

日々の暮らしを「社会に受け入れられやすい自分」として生きているとしたら、それもある種の演技だろう。役者とは違う形で私たちは私たちという役を慣習的に演じていると言える。

たとえば、誰かの言動についての善悪正誤のジャッジに忙しいとき、自分が想定する状況を持ち込んで、相手の言葉を聞かずにただ自分の用意したセリフを一方的に言っているのとそう変わらない。そのとき耳に心地よくない、嫌な声を互いに聞き合っていることになっている。現実は映画と違った側面で厳しいのは、ワンテイクしかないことでやり直しが利かないことだ。ドラマティックに関係性が変わることは筋書き通りにはいかなかったりする。

相手の話を聞けずにジャッジしてしまうと、「共感が足りない」とか「注意深く相手の話を聞けていない」と、コミュニケーション能力に難があると思いがちだ。だがそれは問題の捉えどころが間違っているのではないか。

起きていることをつぶさに見れば、自分の想定で現実の相手を無視し、準備している言葉を感情的に言い募っているだけだ。想定とは過去に思い描いたことだから、それを現実に持ち込めば必ず葛藤が生じるに決まっている。ズレたことをしているから当然そうなる。今の自分の感覚や感情をまったく大事にできていないことになる。

では、なぜそんなことが起きるのかと言えば、私たちが本当のことを言うことに怖れを抱いているからだ。洋の東西を問わず、人間である限り程度の差はあれ、周囲の評価を気にして、真実を口にすることへの怖れを共通して持ち合わせているだろう。

ただ、文化の特色によって現れ方は違う。空気を読み合う。忖度《そんたく》する。微妙なニュアンスで本意を悟られないようにする。遠回しに曲がった形で伝える。

この島の文化の特徴のひとつに謙遜があるのは間違いない。それが人としての振る舞いの美しさとして現れることもある。ただし、文化の特色とは偏りでもあるのだから、それらの美徳は「本当のことを言わない」「自分の気持ちを偽る」「相手に合わせることで相手をコントロールする」にも転じる。慎み深さの裏側には「そうしないと罰される」ことへの恐怖が張り付いている。

そうなると相手を無視した一方的で感情的な言動も、相手に受け入れやすい内容を巧みに微調整しつつ発言するのも、どちらも同じく怖れの別の形の現れでしかない。

怖れから用意された感情で話すとき、その人自身の声から遠ざかる。その人の声に抑揚がついてしまうのだ。感情に込めてしまう余計な「意味」を手繰っていくと怖れにつながっている。

私がインタビューセッションにおいて音のズレを感じつつも、「正した方がいい」とジャッジしないのは、そんなことを言っても直りはしないからだ。むしろ、その人の習慣で作られた、怖れの染みついた身体を尊重しながらも、一方でその人が思っている身体ではない身体に問いかけようとしている。葛藤を心理に押し込めるのではなく、身体の軋む音、声音のズレとしてあくまで捉えている。

それにしても「その人が思っている身体ではない身体に問いかけている」とはさっぱり意味がわからないだろうか。この言葉の意味を解釈するよりも、こう考えてみてほしい。身体に問いかけないときに、私たちは「ズレを正すにはどうすればいいか」と問題解決の発想で考えようとし始めるのだと。

問題は解決しようとする限り、決して解決しないとそろそろ悟ってもいい頃だ。解決よりも関心を注ぐべきは尊厳の回復だと思う。その尊厳こそは「あなたの思っている身体ではない身体」に宿っている。解決しようという心根は、現状の自分が劣っているというジャッジが既に入っている。それは誰のなんの期待に応えるためのジャッジなのか。

■役者その人なのか役柄なのか

2015年に公開された「ハッピーアワー」は出演者の3分の2が演技未経験者であった。だが結果として、「自分がそれまで見ていた演技の中で、一番嫌じゃないなと思うものを見る」ことになったという。

「なんか嫌だなというものが出てきづらかったという経験がありました。むしろ本当に良いもの――とは何か？　という問題はあるんですけど――が出てくるような感覚があった。それはその人自身が本当にそのまま映っているという感覚に近い。余計なことをせずに、そのまま立つ力みたいなものが、その人に備わっているというか。自分はここでテキストを口にすればいいんだ、ということを理解していて、それ以外のことは別にしなくていいんだという境地で立っている人たちを撮っていると、その人自体の存在というか、何か威厳みたいなものが出てくるという感覚がありました」

ここには尊厳について考える上で重要なことがふたつ述べられている。
まず演技におけるキャラクターについてだ。「良いもの」とは、「その人自身が本当にそのまま映っているという感覚に近い」のであればキャラクターとは何を意味するだろう。役になりきるとはよく聞く言葉ではあるが、それが示すものはなんなのか。

・その人でありさえすればいいのであれば、「何者か」としてわざわざ役柄を演じる必要はないことになる。

・演じる上でその人は必要だけれど、その人のままであっては演技にならない。そうであれば、その人はその人であってはいけないことになる。だとすると「その人の声」がそのまま現れることを良しとする判断についてどう捉えればいいのか。

実は自分にもわからないと濱口さんは答える。

「具体的な行動と言動以外にキャラクターと呼んでいるものが実際なんなのかいまいちわからない」

では、「良いもの」とは、演じる人とキャラクターの境目がなくなると言っていいのか？と尋ねると、「そう言ってしまいたいところですけれど」と留保する。というのも演技はフィクションで、役柄は演者のプロフィールとは関係がない。あくまで、「そういう人」

をキャラクターとして演じているからだ。

「そのときできる範囲の言い方とかやり方で、自分の身体というものを軸にして演じてもらうと、それが見る人にとってはもう『そういう人』にしか見えないということが起こるわけです」

濱口さんにとっても、その現象は謎なのだという。

「もしかしたら役者にとっても、その役柄が自分自身としか思えないようなことに何か巻き込まれているのかもしれない。演技は相互フィードバックで進んでいくので、相手役との関係性で段々と『まさに自分がそれをこのように言うであろう』というように進んでいくことがあるんだと思います。ただ、そのセリフや振る舞いは、その人のものではないので、役者が違和感なくやれているそのとき、役者ともキャラクターともつかないものが生まれるんだと思います」

■他者の発見と尊厳

役者がその役柄であれば「そのように言うであろう」ことを言う。重要なのは、「言うであろうこと」は解釈でも想像でもないことだ。そのキャラクターが「まさに言うであろうこと」なのだ。役者がその人物にとっての必然性を把握していなければ、「まさに」とはならない。

これは得体が知れず、決して理解できないがゆえに、私たちが絶えず恐怖している他者をそれでも知ろうとして近づく試みだと言えないか。濱口さんが謎と捉えながらも、その周りを巡りつつ演技にフィードバックしていく様子をひもとくと、私には人間における尊厳の問題に関わってくるように思える。

人は自らの中に自分も知らない他者をふと見出す。私たちが誰かを「深く知った」と束の間であっても感じたとき、それは他者の中に思いもよらなかった自分を見出しているからだ。私があなたであり、あなたが私でもある。その感覚は私が私自身と深くつながったときに訪れる。そのとき私たちは自分の声を取り戻すのではないか。

自分が他者でもあると聞くと、自分の中がふたつに分裂しているという状態を思い浮かべるかもしれない。そうではない。私の中にさまざまな私がいて、それら多様な私同士が

身体とその人の声
——濱口竜介さんとの出会いで気づいたこと

結びつき、なおかつ互いのあいだに広がりが横たわっている。それこそが私たちが内面に自由を感じる空間ではないか。

役者その人ともキャラクターとも判別がつかない出来事が起きるのは、その自由があるからだとすれば、私たちが自分の内側に「まさに言うであろうことを言う」人物を発見するとき、あまりにも見知らぬ面相に驚くだろう。その畏怖こそが人間という存在の持つ奥行きへの尊厳につながる気がする。


「ハッピーアワー」を観て私が驚いたのは、演技経験に関係なく、そのキャラクターがその人としていたことだった。しかもありありと存在していた。演技について良し悪しするジャッジが意味を持たないと思った。その人の身体としてあるセリフを言い切るとき、他人のジャッジが付け入る隙はない。スクリーンには、その人がその人として確かにそこに立っている姿が映し出されていた。

その事実が告げるのは、私という存在はあれやこれやの評価の外にあり、またあなたとは異なる存在としてここに生きているということ。互いにそのような存在なのだ。だから私そのものとして声を響かせるとき、その音には尊厳がこもっているはずだ。「私はここにいるのだ」という響きがそこにある。それがコミュニケーションの前提であり、それを認めることが信頼なのだ。

私たちが本当のことを口にするのを怖れるのは、群れからはぐれては生きていけないという生存に関する本能が働くからだろう。と同時に、本当のことを聞きたい、言いたい思いも同様に強く持っているはずだ。真実の力強さを私たちは体認している。

怖れを捨てるには勇気が必要だが、それは「勇気を持たなくてはいけない」といった思い込みでは決して持てないものだ。力強くあろうとしてもそうはなれないとき、いたずらに自信を失う。それもまた私たち自身への誤解が招いていることかもしれない。力強さから最も遠い、脆く弱い存在が自分であるならば、その脆弱さをこそ大事にしないといけないのではないか。

私たちは社会を生きるために何かの役割を演じている。そのことが脆さ、弱さ、偽りをもたらすとしても、そこから始めるしかない。恐怖を抱えながら、それでも本当のことを聞きたい、言いたい思いを持っているからこそ、空間の変容をもたらす〝それ〟が不意にやって来る瞬間がある。再び演技の話に戻ろう。

■自分自身の人生をかけて言葉を口にするとき

あるシーンで対面している役者がいるとき、互いに演技であると明らかにわかっている。けれども「もしかしてこの言葉に乗せて、本当に〝その人の気持ち〟を言っている可能性だってあるわけです」と濱口さんは言う。

演技とは現実には存在しない人物の振る舞いなので、すべては虚構だ。だけれども、虚実がないまぜになった瞬間、この上ない強度がその人に宿ってしまうことがある。

濱口さんの作品では、その訪れに伴って登場人物たちは「語り合う」のではなく、「語り合わざるを得ない」ところに追い込まれていくように私には感じられる。そうなってしまってからの会話は、忖度もせず率直に述べることも含めて、普段言い慣れていない言葉遣いではあるけれど、互いに言葉を、日本語をしっかり使って向き合おうと試みている。「他者」が目の前にいるという経験を、役者を含めて、現場にいる人たちが体感しているのではないか。それはもしかしたら役者が本当のことを口にしているからこそ起きることではないだろうか。

「何かそういう判別できなさみたいなものが入ってきたときに、相手役の人も『それにふさわしくレスポンスをしなくちゃいけない』と思うのではないか。より演技的に返すこともできるけれども、そういうことが始まった瞬間、演技をするという使命とはまた別の、自分自身の人生みたいなものを使って対応したいということが何か起きているんじゃないだろうか。それが起きやすいようにセリフを作っているんじゃないだろうかというところがあるんですよね。それが日本人としてはすごく奇妙な、率直なコミュニケーションというものが生まれ始める、ということにつながるんじゃないだろうかという気はしています」

「自分自身の人生」という再現性のない時間を自分が生きている。そのこと自体が持つ尊厳を私たちが本当に理解する。まさにそのときに口を衝いて出るのは、もしかしたら「あぁ」のあの意味以前の音の響きが伴った言葉かもしれない。

第 1 章

身体とその人の声

——濱口竜介さんとの出会いで気づいたこと

第 2 章

まだ語られていない声を聞くということ

沖縄で語られていたこと

２０１４年の夏、沖縄を三度訪れた。最初は雑誌の取材だった。同道した編集者は私が訪れる前日に現地に入り、沖縄県警の幹部職員にインタビューしていた。別件の少年犯罪に関する企画のためだった。

私の取材対象は中部で有名なエイサーのチームで、当日の目的地に向かう車中には、なぜか非番の件の職員とその同僚、編集者。そして東京から来た、幹部職員とは知己の間柄である石垣島出身のイラストレーターもいた。ぎゅうぎゅう詰めでの移動は道すがら有名なソーキそば屋に寄り、その後はぜんざい（かき氷）を食べるというのんびりしたものだった。

取材を終えた帰りの車内では、彼らの共通の知りあいのハードロックバンドがライブをするので、その演奏を聴くという話が私そっちのけで決められた。

車はライブ会場へ向かう経路として辺野古をかすめる国道を選んだ。辺野古の建設現場に近づくにつれ道路脇に人がたくさん集まる様子が見えた。テントが立ち並び、幟《のぼり》が翻る。なんともいえない熱気が渦巻いている。

車は国道沿いに集った埋め立て反対の人たちの脇をすり抜けるため、スピードを落とした。イラストレーターの男性は道中の会話で自らを「郷土愛が強い」と言っていた。その彼が車の窓を開けるや「くるすぞ！（殺すぞ）」と罵《ののし》った。語気は荒いが、それほど大きくはない声で。不穏な「殺す」を耳にしたので、私はこう言った。

「あなたの郷土愛は捻れていておもしろいですね」。故郷を愛しながら、故郷の海を守ろうとしている人たちを罵倒するのだから。すると彼は「へへ」と照れ笑いをした。

私は前に向き直り、助手席の職員に向けて「基地についてどう思いますか」と、普段ならしないであろう真正面からの質問を投げかけた。出会ったばかりの親密でもない距離感からすれば、不躾に過ぎる問いかけであり、準キャリアの彼に政治的な立場を問うことにもなる。一般的見解で答えるのが通常だろう。

けれども、おそらくこの人は煙に巻かず、個人として何か言うはずだと思った。というのも前夜、彼と同僚らも交えて北海道居酒屋で会食をした際の様子が印象に残っていたからだ。

沖縄でホッケを食べるのは格別の意味を持つのだろうかと、魚をつつきながら私は宴席に集った人たちの話を聞いていた。昔はヤンチャだったという幹部の物腰を見ていると、硬直した役人のそれとは違う人となりを感じた。人間としての話ができそうな気がしたのだ。だから本当の思いを聞いてみたくて質問した。

「そりゃ基地はないにこしたことはないと思ってますよ。みんな、そう思ってます。だけど……」と少し苦味を漂わせた表情をたたえる。

ない方がいいに決まっている。その思いとは別のところで決まったことに従うしかない。それが彼らの仕事だ。イラストレーターの彼が窓の向こうに広がっているであろう海に向けて吐き捨てるように言う。

「今さら海が汚れるって言ったって、ジュゴンがなんだって言っても本島の海なんかとっくの昔に汚れている。石垣島だってそうだ。昔に比べたら汚くなっている」

それを聞いてひどく納得した。彼は悲《ひ》憤慷慨《ふんこうがい》していたのだ。辺野古に集った人たちへの悪態はイデオロギーに則ったというよりは、「何を今さら」なのだろう。彼は言外に「俺の好きだった故郷を返せ」と言っていた。とっくの昔に沖縄は酷いことになっているのだと。では、「それは誰のせいで?」となったときに、彼の理路は出口を見失い、あとは罵声という苛立ちでしか表せなくなるのかもしれない。

「基地はないにこしたことはない」。その言葉を頼りにイラストレーター氏の照れ笑いから手繰り寄せていけば罵詈《ばり》の果てに人間に対する信頼すら失わせてしまうやり取りに至らない道を見つけられるかもしれない。ただ、思想やイデオロギーの文法に依らずに話し、聞くことは極めて困難ではあるだろう。

ライブ会場に着いた。これから始まるというウキウキとした会場の気に当てられたのか、熊本から出向してきたという別の職員はビールをあおると「沖縄は日本ではありませんね」と実にカラッとした口調で言った。きっと「いい意味で」という言葉の補いが心中にはあるのだろう。

けれども国家公務員がそう言うものだからちょっと笑ってしまった。みんなそれぞれが頭の中に常識で描いた暮らしがあり、そこから導き出される「私の思う日本」がある。それぞれを持ち寄った話がしたいと思った。あなたたちの思う日本に〝私たち〟はいるだろうか。

■乾いていない死者の記憶

残りの二回の沖縄訪問は、元ヤクザで今は飲食業を営む男性へのインタビューのためだった。現役を退いてもなお威圧感のある風体とそれを裏切るように時折、目の奥に走る純真さがアンバランスな人だった。幼い頃は周りにいじめられていた。悔しさのあまり夜中に起き出し、仕返しをしようと包丁を手にしたら母親に見つかった。「殺すと言うのなら、おまえを殺して私も死ぬ」と言われたという。母親の勧めもあって、彼はめっぽう喧嘩に強い叔父に空手を学び始めた。

それからの顚末はこういうものだった。数ヶ月後、遊郭街の辻にふたりして出かけると、叔父は目星をつけた若い衆ふたりに「お兄さんたち、喧嘩買ってくれない？」と声をかけた。

やるのは自分ではなくあの子だと少年を指差し言う。喧嘩を売られたのもそうだが、相手が年端も行かぬ中学生だったから癪に触ったのだろう。

いきりたつ若者ふたりは、これまた空手を学んでいる様子だった。かなうはずがない。尻込みした甥に舌打ちすると、叔父は「かかってきなさい」と言い、少年の目前でふたりをあしらった。「しかも道に正座したままでだよ」と当時の驚きを身振りで示して彼は言う。

その後の叔父の指導あってか、身につけた腕力で短いアウトロー稼業のあいだに組長にまで上り詰めた。カネ、暴力、快楽と極めて現世的な価値に基づいて生きてきたはずだ。

だが、彼はインタビューの合間に霊的な話を不意に挟んで話すことが何度かあった。

しばしば叔父は目には見えない何かを相手にしているとしか思えない様子でいた。虚空を見つめて「うん、そうか」と得心したように呟く姿も何度か見た。やがて叔父は自殺した。理由はわからないという。

けれども私は「目に見えない相手」と口にした際の彼の話し振りがある確信を仄《ほの》めかしているように聞こえた。何かに魅入られてしまい、抱えていた虚しさに飲み込まれたのだとしたら。おそらくは島に濃く垂れ込めている死の気配ではないか。彼の叔父は生き残ってしまった世代だろう。

沖縄戦で県民約49万のうち、推計12万人が死んだという。4人にひとりが犠牲になったのだ。亡くなったのは誰それと見当がつくくらいの、体感で把握できる人たちが周囲から忽然と消えたわけだ。身近な人たちが惨たらしく死んだ。血膿《ちうみ》と脳漿《のうしょう》、臓物で黒く滲んだ土の記憶はまだ乾ききってはいない。というより、今なお言葉のレベルの理解に至らない、筆舌に尽くせぬ虚しさがこの土地の至る所にぽっかりと口を開いてこちらを見ているのではないか。

■沖縄とソウルの日本語のしらべ

貧しさと生き死に、死ぬことが暮らしに無造作に横たわる中で彼は育った。極道の世界に身を置きながら一時期、真剣に仏門に入ろうかと考えたという。胸底に巣食う苦しみにもがいた。その身悶えが暴力として現れたのだろうか。

取材を終えた翌日、私は長らく行きたいと思っていたひめゆり平和祈念資料館を訪れた。那覇のホテルからだと直行できない。ぐずついた天気と猛烈な湿度の中でバスを乗り換えるのは面倒に思い、タクシーを貸し切って往復することにした。運転手に「ひめゆり平和祈念資料館までお願いします」と告げる。

その後に「観光で来たのか？」と尋ねられたとしたら、返答するにもひどく億劫な気持ちになるなと思い、少しばかり無愛想な表情で構えた。物見遊山で訪れるような場所ではないし、そういうつもりでもないという言い訳を運転席とのあいだに壁のようにしてこしらえた。幸い運転手は道が混んでいることと雨模様の空を見て、じきに雨が降るだろうとのみ伝えた。

車窓からの眺めが終始、鈍色の空のせいか。どこかで見た、戦前の沖縄を撮影した写真の記憶が脳裏をよぎる。

撮影された場所は校庭だったろうか。確か背後には木々が鬱蒼と茂っていて、降り出した雨にセーラー服に身を包んだ学生が蝙蝠傘をさし、あるいはレインコートを着て、自転車に乗ろうとしていた。彼女らの履いた靴の白さがぬかるんだ道に映えていた。すると、ほぼ同時代の街頭で頭に瓦や壺を乗せる女性、漁村で着物の胸元をくつろげて、半ば胸をはだけさせたり、裸足の女衆がいた写真を見たことも思い出す。

資料館に着いた。師範学校や第一高等女学校に通える生徒たちは沖縄においては比較的エリートであったと聞き及んでおり、私は彼女たちの階層についてぼんやりと思いを馳せながら、ひめゆり学徒隊の学生たちの証言ビデオのコーナーに行き当たった。彼女らの語りを耳にして驚いた。彼女たちの言葉の抑揚が「標準語」だったからだ。

思いがけず30余年前、ソウルで大伯母に会った日のことが蘇る。彼女は戦前、女学校に通っていた。当時は日本人でもなかなか通えなかった。

エリート層に属していた彼女の話す日本語に、11歳の私は震えた。その日に至るまで聞いたことのない美しい日本語だったからだ。耳にしたことがないのも当然だった。大伯母の話す日本語を支えていた帝国はとっくに崩壊していたのだから。

記憶がかつてから今へと辿りながら、こう思いもする。将来の沖縄を教導する立場にいるであろう学徒隊だった彼女たちの階層からすれば、標準語を口にすることは、ことさら特筆すべきことではないはずだ。

それに公的な証言であるから、より広く理解されるために公用語として標準語を使ったのかもしれない。彼女たちも仲間内では、もっとローカルな響きを伴う言葉を口にしていただろう。けれども、そう思いはしても私の驚きは消えず、だからその理由を自身に聞いてみた。

もしかしたら彼女らの被った惨劇は、戦後の沖縄社会においても、ある時期まで悲劇として認識されていなかったのではないか。多くの人に記憶される言葉とのつながりを今ほど十分に持っていなかったのかもしれないのではないか。

ウチナーグチと一括りにはできない、地域によってさまざまにあった言葉との隔たりが悲惨な記憶の共有に時差を生んだのではないだろうか。そこに自分が思い至らなかったことに吃驚《きっきょう》したのだ。

むろん言語の標準化は進められていた。戦前から戦後――地域によっては1970年代前半まで――にかけて、沖縄の学校に導入されていた方言札をはじめとして、標準語への接近は絶えず試みられていた。生活史の聞き取り調査では、1960年代に本島に生まれた男性が先島の親戚と話した際、言葉がわからず、標準語で話したという例やそれに似た証言をいくつか聞いた。ただ、その標準語が私たちが想像するようなものであったかはわからない。

いくら東京発の標準語の導入が図られていたとはいえ、庶民にとっては生活の中で培われ、身についた言葉が一挙に均質化されるわけはない。まして近年の言語学では、東京で話されている標準的日本語と「首里・那覇の沖縄語の差異は、英語とドイツ語、あるいはイタリア語とフランス語との差異に匹敵する。もしくはそれより大きい」とすら指摘されているという。だからこそ記憶に残っている写真の女性の傘とレインコートと自転車なのだ。階層や生活圏の移動により暮らしが、身体観が変わっていく。その限りでなければ、生来の言語の抑揚が変わるというのはなかなかないことだろう。

私はひめゆり学徒隊だった彼女たちの証言をしばらく耳にして、ソウルで聞いた滑らかで美しい日本語をもう一度思い出す。そうして想う。展示されている写真の中の女学生は笑いさざめくときも、1945年6月18日の日本軍による解散命令が発された後の、荒崎の岬へ向かう絶望に満ちた道行きのときの嘆き苦しみも、あの彫琢《ちょうたく》された日本語で縁取られていたのだろうかと。

■夜の街の女性たちの影

ひめゆり平和祈念資料館を後にすると、待たせていたタクシーの運転手は降り始めた雨の中、花を供えていた。車に乗り込む。彼は私に感想を尋ねるでもない。だがしかし、しばらくしてこう聞いてきた。

「お兄さん、夜は何か予定あるの？」

私は何もないと答えた。ホテルはどこかと聞いたので松山だと返すと「女の子の店が多いね」と言う。確かにキャバクラや飲み屋の多い界隈であり、客引きは派手に行われていた。

「お兄さん、よかったらお店を紹介するよ。女の子たちアフターで連れ出せるし。その後は交渉次第だから」

内地から来た男に、しかもひめゆり学徒隊に献花した後に女衒《ぜげん》のようなことを言う。呆気に取られることはなかったのは、人間なんてそんなものだとは思っているからだ。思っているがしかし、これを一筋縄ではいかない感情と言うだけでは収まりがつかない。

東京と那覇の二拠点生活をしている知人は沖縄の「特殊飲食店街」の変遷について取材していた。彼によればキャバクラで働く女性はシングルマザーも比較的多く、彼女たちの中には生活のために個人的に売買春を行っている人もそれなりにいるという。前日もホテル近くのコンビニの入り口に客引きが屯《たむろ》していた。歌舞伎町で見かけるのとそう変わらない、頼りなく細い腰つきの男たちの誘い文句の行き着く先が、キャバクラでは稼ぎきれない生活費の足しとしての身体を売ることであり、そこへと連れ出そうとする運転手も含めて、何か暮らしの望みのなさが紐帯としてあるように思えた。

私は「そうですか。でもそういうの興味ないので」と言うと、運転手は口をつぐんだ。ホテルに着いて運賃を払う。「気が変わったら行ってみてよ」と店の名前を言われる。私は「ありがとう」と往復の運転に対してのみ労いを込めて返事した。

上間陽子さんとの出会い

２０１４年を境に仕事だけでなくプライベートでも好んで沖縄を旅するようになった。幾度目かに訪れた沖縄は盛夏で、強烈な日差しはアスファルトの照り返しもあって、あまりに白すぎて目を開けていられなかった。その夏はモノレールの駅の近くの宿をとった。ホテルのすぐ近くを流れる川のそばにホームレスの老人がおり、弊衣蓬髪《へいいほうはつ》とはこのことかというようななりだった。絡み合った髪の毛が長く長く垂れていた。

ドラマの影響なのだろう。おじぃ・おばぁという呼称は内地でも今や耳慣れたものになっている。そのニュアンスには、老人が大切にされているとまでは言わないが、家族や共同体の中で然るべき位置があるといった、勝手な想定が預けられていると感じる。

私は老体の骨の浮き出た肋に垂れかかる絡み合った長々しい髪に、そのような沖縄に仮託された夢想の外の現実の一端を見る。あくまで物の本と伝え聞いた話でしかないが、彼の年齢から推察するにアメリカ軍に統治された、いわゆる「アメリカ世」の「銃剣とブルドーザー」の強権的な支配と、駅からそう遠くない国際通りの「奇跡の1マイル」に象徴された経済成長の時代を眺めて生きてきたのだろう。

彼は本土復帰に向けたデモ行進で沿道から日の丸の小旗を振っただろうか。その人生の半ば以降は「本土並み」の実現は果たされない幻滅と、アメリカ軍基地の集中と本土との経済格差が如実になる中で費やされたのか。

ホームレスになったのは好き好んでのことか。あるいは落魄《らくはく》してのことか。どういう事情があるかはわからない。だが彼に帰るべき共同体はなく、そしてそこに至るまでに個人にのみ理由を求められないような出来事が起きたのではないか。勝手な当て推量と言われればそうだろう。だが、モノレールを利用するたびにそう思わされてしまって仕方ない。

■路地に感じる暴力の気配

駅の通りから一本隔てた路地に入ると、雨も降っていないのににじとっとした色合いの路面が目立つ。目の端に入る細々としたゴミの散らばりを追っていくと、侘しいバラック小屋の一帯に目が留まる。辺りはかつて買春地帯であったと聞いた。

その路地から表通りへと出てきた中年女性と行きあった。建設途中のマンションの組んだ足場を避けるというには、ひどくふらふらとした足取りを訝しく思い、顔をふと見た。口は硬く引き結ばれており、彼女の目は異様に爛々としながらも、外界の何も映していないように見えた。心がここにないとでもいうような。通り過ぎ様に私は女性の足元の影を見た。雲ひとつない、不安になるほどの青が覆う空からの光は、影すら飛ばすような白茶けた日差しをしていたはずだ。けれども彼女が地にのべた影は黒々としていたように私は覚えている。

観光客が抱きがちな沖縄へのロマンの裏返しに、ことさら重さ暗さに注目しているわけではない。そう思うのは、沖縄にいると暴力というものが遍在し、いろんなところで形を変えて現れている気配を嫌でも感じるからだ。たとえば子供の相対的貧困率は全国平均の2倍。低年齢での出生率も高く、離婚率もまた高い。

2015年の夏、私は運転免許取得のため宮古島で半月あまり過ごした。その際、石垣島から来たK君と知り合った。異様に色気のある美青年でお酒と女性に目がない男だった。そんな彼があるときこう言った。

「自分らの周りにいる石垣とか宮古の20歳そこそこの女の子はだいたいシングルマザーです。オヤジには言われてるんですよ。内地の女とは結婚するなって。権利とか言うからって」

23歳の彼の父親は私とほぼ同年齢。同世代の男が「権利」に面倒な意味合いを添える。その言葉遣いから推測されるのは、離婚後の養育費についてなおざりにされがちだということだ。沖縄県の事情を一括りに語れはしないにせよ、県のシングルマザー率は2018年の段階で全世帯に対して4・88％。統計に明るくないが、貧困世帯の多さの一因はそこにもあるのだろう。貧しさと苦しみと暴力の切れ端を至る所で目に留める。

宮古島で暮らしていた頃、教習所のロビーに設けられたテレビでは辺野古問題への抗議集会を伝えるニュースを度々見た。本島で抗議する人たちの声をストレートに拾い、それを報じるキャスターの口ぶりは東京発のキー局にはない熱があった。

だが、いつしか私はそれを見る宮古の人たちの冷めた視線に気づくようになった。そしてウチナーという語をほとんど耳にしないことにも。ここは宮古なのだ。沖縄の本島での出来事をこの島にも持ち来すことに違和を覚える感覚は、琉球王府に苛烈な支配を受けた記憶が横たわっているせいだろうか。今なお続くという離島差別も関係しているかもしれない。

宮古島には濃い青の空とエメラルドグリーンの海が広がる。そうした美しい自然が眼いっぱいに広がる景色が今も残っている一方で、人が生きる社会では差別と支配が絡まり層をなし、それらを断つことにも疲れて倦《う》んだ気配が島を、沖縄を覆っている。この地を訪れるごとにさらに感じるようになった。

■自分の望みを語ることができない少女たち

2020年、教育をテーマにしたルポの依頼を受け、私は4人の識者にインタビューすることを決めた。そのうちのひとりとして依頼したのが琉球大学教育学研究科教授の上間陽子さんだった。彼女は10代で出産した沖縄の少女たちの生い立ちや暮らしぶりを調査していた。実態を明らかにし、支援の方法などを探るためだ。聞き取りをした少女はおよそ77人で51人が家族や恋人、そのほか親密な関係の他者から暴力を受けたと話していた。その6割が生活のためにキャバクラや風俗の仕事に従事している。

上間さんのことは『裸足で逃げる』（太田出版）を読んで以来、ずっと気になっていた。この本は、沖縄の夜の街で生きる少女たちの4年間を追った内容だ。登場する6人の少女たちの境遇はどれも過酷だ。恋人からのDV、キャバクラで働くシングルマザー、中学2年での集団レイプの経験と、彼女たちは個人の決意や努力だけではどうにもならない現実に押し潰されそうになって生きている。

そうした暴力に詰め寄られて生きざるを得ない苦況は、沖縄に限った話ではないかもしれない。けれども共同研究者の打越正行さんが上梓した、建設業や性風俗、ヤミ業者に携わる男たちを10年以上かけて追った『ヤンキーと地元』（筑摩書房）を併せて読むと、沖縄の土壌が育んだ暴力が、沖縄で生きることと特有のしんどさ、苦しみに影響しているところは大いにあるだろうと理解される。

上間さんは出版後の新聞社の取材にこう答えている。

「育ちがしんどいということは、自分の望みを語り、どう生きたいのかということが実現しづらいという実態よりはるか前に、そもそも、自分の望みを語ることができない、というところに立たされていると理解するべきだと思う。だから、まずは望みを口にできるようになること、そこから支援は考えないといけないと思っている」（沖縄タイムス２０１７年3月5日付）

取材にあたって読める限りの資料に目を通した。その中に学生からの質問に答える記事があった。「なぜ教育学を専攻したのか？」の問いに対して彼女は「社会を変えるには教育しか変える場所がない」と答えていた。

この言い回しがひどく気になった。何かここには上間さんの纏綿《てんめん》とした思いが留まっている気配を感じた。インタビューの場ではそう答えても、原稿に目を通して校正の機会があったのなら「社会を変えるには教育しかない」と改めてもおかしくないし、その方が通りは良くなる。

けれども上間陽子という人物は、ひょっとしたら「社会を変えるには教育しか変える場所がない」という、この渦を巻くような言葉を身体に潜めた人なのではないか。そう思ってインタビューに臨んだ。

10月とは思えない陽光を受け、キャンパスにほのかに漂う潮の匂いを浴びて教育学部の扉を開けると、がらんとしたロビーが広がる。私は窓ぎわのソファに座り、スマートフォンに書き留めておいた質問のあれこれを読んでいた。すると「尹さんですか」と柔らかい声が耳に届いた。こんな人気のないところであれば、近づく気配に気づくはずなのにまるでわからなかった。

研究室で始まった取材で早々に尋ねたのは、「社会を変えるには教育しか変える場所がない」についてだった。彼女は言下に「青臭いですね」と笑う。

■学校は女で子供だと話が聞かれない場所

「中学か高校の先生になろうと思ったのは、中学の先生がイメージされていたのかな。ちゃんと本当の話をしたいという感じかな。声が聞かれない感覚はありました。家の中で発言権は大事にされながら育てられたと思っています。ただ、外に一歩出てみると特に中学で感じましたが、ちゃんと話を聞いてくれる大人が少ないという感じがあって。学校というのは、女で子供だと聞かれない場所なんだなと思っていました」

「基本的に学校的なものは大嫌いです」と字面ほどには強くない語気で言うのは、拍車をかけつつある沖縄の学校のグロテスクさにあるのだという。たとえば小学校の階段に英語でワンツースリーフォーと表記されていたりする。「階段はその先に会いたい人がいて、その人に会うためにあるのに、なんだこりゃと毎回苛立ってます」

「○○学校の子らしくしよう！」といった標語を掲げることも盛んだ。「廊下は右側を歩きましょう」「さん付けで言いましょう」「授業は起立礼で始めましょう」。そして「決めたことは守りましょう」。だが決めたのは大人であって子供ではない。

上間さんは学校内で問題が起きた際の専門委員会に加わっている。子供の声をどこで聞いたのかと疑問だらけだという。

「聞いたと言っているけれど、子供が言うのを聞いてこそだから。全然聞き取りになってない」

資料に反映されているのは、教師の話でしかない。その話の裏には聞かれなかった多くの子供の声が響いているはずだ。学校は親以外の大人と出会う場としては大きな機会であるはずだ。

けれども子供たちが自分のあり方や心情をのせた声を発するのを阻害している。そうなると子供たちは学校において「聞かれない文化」の環境で育つことを意味しないか。自分の望みを語ろうにも、それが聞かれなければ、言葉は紡がれることもない。

裸足で逃げざるを得なかった子たちは、学校において声を聞かれてはいなかった。望みが聞かれないし期待も持てなければ、その結果は端的に学校が荒れるという現象として生じるだろう。たとえば車をひっくり返したり、スプレーで車に落書きをしたり、高速道路を集団で自転車で逆走したり。それがいずれヤンキーという存在として確固としていけば、その後のコースとして学校社会の外に活動の場所を広げていくことになる。

■暴力と性との絡みあい

「中学のときはすごくいろんなことがあって、それは誰に話していいかわからなかった」と話す。そこにはおそらくは上間さんの周囲にいた、思春期の少女たちを襲った性的な体験も含めてのこともあっただろう。

「大人が必要だなと思った。誰に話していいかわからなくて、ただ私は母に半分くらいは話せたのでアドバイスをもらえたけれど、ほとんどの子は誰にもアドバイスをもらえないなという感じはありました」

「決めたことは守りましょう」という不寛容な規則のもたらす圧迫とそれへの反発。加えて性的な関心とエネルギーが、世間が名指す不良という軌道を取り始めるとき、10代の少女たちが少し背伸びした冒険を試みようとしてもおかしくない。その方が仲間に対するアピールになりもする。

暴走する車が集うエリアでナンパされ、車に乗せられてセックスをする。そういう体験をした少女たちがいる。いくらかの好奇心はあったかもしれない。だが、それはレイプと言えるし、彼女たちの背伸びの結果でもあるし、それを聞いても、大人たちにどう話していいかわからないことではあった。

明らかなのは学校は、そういう話が聞き取られる場ではなかったことだ。

「なんちゃってヤンキーだったんですよ」と上間さんは言う。がんばってそうしていた時期があったのだという。子供の頃から聞き上手だったであろう彼女は、宙に浮いたままの聞かれない言葉に接続するためにヤンキーに擬態したようにも私には聞こえる。

家と地域をつなぐ暴力

中学に進学してしばらくヤンキーのグループの一員になってはみたものの、どうしても無理をしているという違和感は拭えず、2年になる頃には次第に仲間から距離を置くようになった。

3年になったとき友人である女子生徒の母親が自殺をした。友人の目前で飛び降りたという。上間さんは葬式に出るつもりで足を運んだものの、仲間を捨てようと思った自分なのに「善人面して家に入るのはおかしい」と家に上がるのをやめた。そして地元を「捨てようとはっきり思った。だから帰った」とも言う。

後日、葬式で友人の父親は娘を罵倒したと聞いた。以来、友人の行動は歯止めがかからなくなり、やがてヤクザによって地域から見えなくなった。

「そういう地域ではあったので。小学校のときからよくそういうことが起きていました。

女の子の声は聞かれていない。この話を誰かにして助けてもらいたいんだけど、誰もいないという感覚がありました」

10代の女の子が忽然と姿を消す。しかもヤクザによって。尋常ではない出来事だが、ことさら事件として名付けられることなく、〝そういうこと〟といった見慣れた景色のひとつとして塗り込まれていった。

「そういう地域」の学校では、中学2年にもなると短いあいだとはいえ、上間さんがつるんでいた子たちは次第に学校に姿を見せなくなり始めた。ヤンチャ、早熟、素行不良と目される存在ではあったろう。本格的に学校の外へと暴力的に釣り出されかねない生徒に向けて、教育現場はどのような言葉をもっていたのか。言葉はなく、ただ殴るだけだったという。

「馬乗りになってグーで殴られてました。怖いんですけど、不良グループの一員になるといいパフォーマンスになりますよね。殴られても泣かなかったとか、怯まなかったとか。それで気持ちを保っていたんだと思います。高校で殴られない空間に出会ったときにわかったのは、あれはものすごく怖いことだったんだなということです」

上間さんは決意した通り地元を離れ、リベラルな校風の高校へ通う。基本的には穏やかだが、そこでも殴る教師がごく少数いた。かつての高校の同級生たちは、いまだに殴られたことを怒っている。口々に「一生許さない」と言う。彼らは殴られない環境に育っていた。殴られることを異様なこととして受け止めていた。

上間さんの地元の学校において殴るという暴力が登場しても疑問視されなかったのは、家の中における暴力が地域に漏れ出していたからだ。異常ではなく単に家と暴力が地続きだったのだ。

異様なはずの暴力の氾濫であっても、それをノスタルジックに語る人もいる。上間さんが琉球大学の教育学部で学んでいた頃、学生の中には、「殴られたおかげで更生できた」という体験をもとに暴力肯定論を持ち出す人たちもいた。

「個人的な体験だよねと思っていました」。同じ結果を求めて暴力を振るいはしても、殴られてよかったという極めて個人的な体験とそれを前提にした教育は、姿を消した人たちの声を聞こうとする方に歩みを進めはしないだろう。

上間さんの関心は暴力をなくすために何ができるかにあったかと言えば、そうではなかった。「ちゃんと本当の話ができないかな」に終始注目し続けていた。

■降りそそいだ暴力が奪う言葉

彼女はなぜ話を聞くのか？　といえば、「自分の望みを語ることができない人たちがそれを口にできるようにするため」ではあるだろう。

では、どのように聞くのか？　についてはどうだろう。ある講演において彼女はこう話している。

「ともかくゆったりとした顔をしながら見てきた景色をひとつひとつ一緒に辿っていく。そのときどんなだった？　って。寒かった？　暑かった？　そういうふうに言いながら、こういうことだったんだねと静かに辿っています」

コミュニケーション能力という語句が世の中に流布するようになって久しい。人と人が言葉を交わすことを、技法という短絡した行為に置き換え、その習得を能力の向上と捉えて満足している世相に従い、彼女の振る舞いをなぞっても、暴力にさらされ続け、自分の望みを語ってもいいと思ってもみなかった人たちが口を開くことはないだろう。

上間さんは『裸足で逃げる』の中でこう記している。「私たちの街は、暴力を孕んでいる。そしてそれは、女の子たちにふりそそぐ」。またメディアの取材にあたっては、このように話している。

「暴力の体験って言葉を奪うので。本当に話せなくなるし〝みんなと違うものになってしまった〟という感情を持たされるので、暴力自体が言葉を奪うんですよね。加えて、（暴力が）小さいときからなのでそりゃ語れない。いちいち感情で傷ついていたらもたないので、〝何でもないこと〟というふうに処理するし、言葉はそのときは付随しないですよね。だから本当に話せない」

生きているあいだに、生きているという感覚が根こそぎにされてしまう。そんな体験が我が身に降りかかったとする。そういう事態が想像できるだろうか。そうなったときに、この社会が評価するような滑らかな言葉で語れるだろうか。

「本当に話せない」という我が身を引き裂くような、晴れることのない思いが胸奥に腹に全身にわだかまったまま生きている人が現にいる。そんな切迫した思いが、コミュニケーションにおいて推奨されている通りの共感や肯定を示すことで太刀打ちできるはずもない。

それどころか、覚えたノウハウで対応しては、相手の話を聞いていないという態度を明らかにすることにしかならないだろう。なぜなら技法に寄りかかってしまうと、話されたことそのものではなく解釈に基づいて話を聞いていることに次第に気づけなくなるからだ。

■実践記録という試みがもたらす言葉の回復

「本当にのたうち回るような経験というのをした人は自分の体験を表す言葉を持たない」と上間さんは言う。「本当にのたうち回るような経験というのをした人は自分を表す言葉を持たない」とせずに、経験と体験をちゃんと分けている。ここに私はこだわりたい。

仮に無自覚な言葉遣いであったとしても、この違いについて鋭敏であるからこそ、上間さんは言葉を持たない人の語りを聞くことができるのではないか。

とすれば、彼女の聞く態度の芯に何が通っているのか。それが体認されない限り、「ゆったりとした顔」をして聞いたところで、寛いだ態度で臨むといったパントマイムめいた、形骸化した方法の再現でしかなくなるはずだ。「ちゃんと本当の話」ができるために注目すべきは何なのか。

「教育学の中でもマイナーな『実践記録』があります。自分の教室で起きたことを教師がレポートみたいに書くんです。大学生のときに出会って、おもしろいと思った。特定されないように仮名にしてあっても、会話のやりとりが記されているので、教師がどんな働きかけをして、生徒とのあいだに起きたズレや呼応がよくわかる。これは日本独特の文化です」

実践記録は1960年代に盛んに行われたものの、その後はあまり見向きされなくなった。音声の録音や会話そのままが文書化された記録があるわけでもない。創作の可能性もある。だから教育学の主流からは評価されていない。

「でも、嘘つくとわかるんです。こう言っているのに、こういうふうになるはずはない。この文章で止めているのは教師が自分の物語に酔っているからだ。そういうことがよく見える。『実践記録』は大きなテーマとして分析されるべきものと思っています」

実践記録は今なお命脈を保っている。聞く耳を持つ人は、目を凝らせば確かに教育現場にいる。ある教師は家族についての授業を行うにあたって、子供たちの声を可視化した上で授業を行うという。

「すごく家父長的な家族が営まれているかもしれないけど、子供からは『親を捨てられない』という話が出てくる」。そういったときに、どのような家族がいいのか？　という話にスライドすることは、子供が「親を捨てられない」に託した思いを聞くこととほど遠いはずだ。

まず自分がどういう家族に生まれたのか。それがわからないうちに「どういう家族を目指すのか」が滑らかに語られるとしたら、それは呪縛のなせる業かもしれない。現に今体験している家族と目指す家族との違いが見えないと「どのような家族がいいのか」はわからない。その教師はこういったことを念頭に置きながら授業を行っているという。

そうなると必然的に子供たちが自身の家族をどう感じ、体験しているのか。それが子供たち自身から語られることになる。体験していることが、「それはどういう意味を自分にとって持っているのか」と問い、捉えていくとき、体験が経験に転換されていく。自身が感じたことや思ったことが自分のすべてではなく、それがどのような意味を持っていたのかと問うとき、私たちはそれを経験として理解するようになる。自分をもっと奥行きのあるものとして把握できるようになる。

「親を捨てられない」というほどであれば、すぐには語られないかもしれない。だが、可視化とは物事を短絡するためにあるのではなく、見えないものをいかに見るかというプロセスに関わることだ。

成長するに従い、概念をいっそう理解できるようになるため、教育は啓蒙の色合いを帯びやすくなる。それこそ子供が偏見のある発言をしたり、あるいはそのことの問題についてわかったふりをしたりしている際には啓発的なアプローチをとりがちではあるだろう。家族のあり方にしても従来の家族観への統合ではなく、多様性が大事だということでLGBTQの話をしたり、活動をしている人を呼んで話をしてもらったりすることもあるだろう。

だが、実践教育の担い手の中にはそこを熟慮して、子供らの反応を見る人もいる。まだ全然その時期ではないと思えば引っ込める。すると学んでいるうちに子供たちの方から当事者に「会いたい」と言ってくるのだという。

「どうして？　前は『ゲイとか気持ち悪い』と言ってたじゃない？」と尋ねてみる。すると「わからないから言っていると気づいたから、そこをもうちょっと考えてみたい」と言い始めるのだという。その段階に至って初めて当該の人たちと会わせてみる。多様性を体現している人は教材ではなく、日々を生きている人なのだ。

性的マイノリティを「気持ち悪い」と言ったとすれば、その人権感覚を改めるために問うたりたしなめたりしたくなるかもしれない。そこに語られていない声があるのではないかと待つのは、焦れることではあるだろう。だが、その人の声を聞くには、ひたすら待つほかないときもある。

■傍観することなく、〝この先〟を含めて待つ

待つことは傍観ではない。別の例で言うと、教師が受け持つことになったクラスには、授業妨害や暴言を吐くといった暴れ者の男の子がいた。とにかく授業をめちゃくちゃにしようとする。上間さんも半年ほどその教室に通ったというが、すごく暴力的な振る舞いをしているのに、クラスメイトはわりと平気な顔をしていた。「わりと」というのは、内心嫌ではあるけれど、「今はちょっと大目に見てやろうか」という感じがあったからだ。不思議に思った。

実は、その教師は暴れる子にこのように声をかけていた。「人にやらなくなったね」「物に当たれるようになったね」。一般的な教員の対応としては、厄介な子供に対しては厳しく叱責し、指導する。それで聞かなければ生育環境のせいにしてそのまま捨て置き、やがて見て見ぬふりをする。「物に当たれるようになった」という変化に気づいてくれたことと

は、その子にとっても驚きだったのだろう。だから、教師の言葉に彼は泣いた。

「本当はやめたいと思っているの？」

「やめたい」

「そしたらがんばるか」

物を殴るのが今までは一日20回だった。やがて10回になった。10回未満になったらお祝いをした。その子は最終的に暴力を振るわなくなった。

「暴力のない地平を目指す。そこまで辿り着こうという考えで行っている。だから子供と付き合っていけるんだと思いました。看取ると言いますか。〝今のこの子〟だけではなく、〝この先〟を含めて子供を見ている気がします。他者ではあるけれど、『あなたのなりたい姿はなんだろうね』を一緒に考えようとしている」

本当はやめたいと思っているはずの暴力を振るうことは、その人自身にとっても苦しいことだ。「やめたい」と思っていることが言葉として明らかになるまでに時間はかかった。

それまでその子にとっても、なぜ自分が暴力的になってしまうのかわからなかったかもしれない。

そうなると現時点での粗暴な振る舞いだけにフォーカスして「なぜ暴力を振るうのか？」の問いかけで話を聞くことを始めたとき、当人には「ジャッジされている」という感覚として聞こえてしまうかもしれない。

「〝今のこの子〟だけではなく、〝この先〟を含めて」のいう「先」とは、過去であり未来を含んでいるはずだ。やりたくもない暴力を振るうには、彼なりの必然性がある。その必然性は今すぐはわからない。

けれども、物に当たれるようになり、暴力を振るわなくなった結果から以前を振り返ったとき、この先の時間において、彼はその必然性がなんであったか、過去を考察した言葉を摑むかもしれない。あるいは摑まないかもしれない。

けれども、どちらを選択したとしても、本人が他人を暴力で支配せず、尊重することを体認したことには変わりないだろう。そういった変化の幅を許すだけの猶予をもつことが、言葉を話し、それを聞くことに含まれるのではないか。

第 2 章

まだ語られていない声を聞くということ

私たちは他者の声を聞き取れるのか

「もうなんかもういい人そうだから一応言うけど、あのなんか昔からなんて言うのかなこういう感じ。こういう感じっていうか、だからなんか大人の人とかでも身内とかでもなんかやろうかという人多かったんですよ。初めてなんかそんなのにあったのが従兄弟のお父さんで小学校4年くらいですかね。小学校4年くらいのときにあって、なんだろう。それで中学校のときにその後はなんか付き合ったりとかしてるから別として、そのときになんか再婚しているお父さん、元奥さんの子供、旦那さん、なんか今のお父さん、なんかレイプみたいなとまではいかないけどとか。いろいろなんかこうなるんですよ絶対昔から。だからいつと言われたときがいちばん困る。いちばん困る。多いです。そんなのが」

著書の『裸足で逃げる』によって「池田晶子記念 わたくし、つまりNobody賞」を受賞した際の「沈黙の声を聞く」と題した記念講演で、上間さんは聞き取りにおいて耳にした、女性の語ったままを紹介した。彼女の話はまとまりを欠いているように聞こえるだろう。

だが、なぜそのような語り方になるのかと言えば、「本当にのたうち回るような経験というのをした人は自分の体験を表す言葉を持たない」からではないか。そう思えば、語りが離散的だから聞くに値しないと判断する、あるいは聞いている側が意味として把握できる範囲に限定し、自分の見知った事柄に引き寄せて理解するのであれば、実は話をまるで聞いていないことになるだろう。彼女の言葉を紹介する前に上間さんはこう述べている。

「彼女が選べているように見えながらも最初から選ぶことができなかった膨大な選択肢。最初から彼女の手にはなかったものというのが、そこにはあってこれをどうやって聞き取っていくのか。社会的な課題にしていくのか。これをずっと考えなきゃいけないなと思いながら『裸足で逃げる』という本を書きました」

彼女の最初の妊娠は14歳。中絶手術の費用を得るために愛知県のキャバクラへ行き短期間働き、沖縄に戻ってきた。中学生ではなかなかやりきれないことだ。

だとすると、それ以前に自分ひとりで何かをやらないといけない、乗り越えないといけないという出来事があったのではないか。

おそらく彼女の性体験は14歳の前にあって、それは言ってないはずだ。だからそのことについて尋ねたのだという。すると彼女はこう返した。「好きな人とっていうこと?」。上間さんは「好きな人と嫌いな人の両方」と聞いた。そこで冒頭のように語った。

心情が語られていても、具体的に起きたことがわかりにくい。叔父からの性虐待にあったのはおそらく小学4年。その後に母親が再婚した相手にレイプされ、再婚して兄妹になった兄にもレイプされた。

■記憶の穴を覗き込む

「でもそれはレイプと認定されるかわからない。なぜなら暴力的ではなかったから。そして、さらにそのときには自分と選んだ相手との性行為はあったから、その人との行為を性虐待と言っていいかわからない。言った先から自分でこれは性虐待なのか。レイプなのか。なんなのか。という形で逡巡が始まる。そういうふうな語り方になります。

性虐待の場面で語られたのは大体こんな感じで変わっていきます。何度も会っている子たちですけど、何度会っている子たちでも時間が変わってしまったり、相手が変わってしまったり、スタート地点が変わってしまったり。本当に記憶の穴みたいなのがあって、それを覗き込んでいるような感じです」

「記憶の穴」で思い出したことがある。以前、私は中国で「慰安婦」をしていた女性の証言を直に聞く機会があった。彼女たちを罵る言葉が巷に溢れている。「慰安婦」の存在そのものを否定する言説も目立つ。

彼女の掻きくどく話に苛立った様子で彼らは言う。「証言の細部が経年に従い変わっている」「そもそも曖昧な記憶を裏付ける文書があるのか」。客観的な検証に耐えうる整序された説明でなければ、信じるに足りないという考えを信奉している。

彼らはオーラル・ヒストリーなど歴史の些末な傍証に過ぎないと考えている。だから公的機関による裏付けのない、誇張の混じるおそれのある慰安婦の記憶などあてにならないと言うのだろう。

あまりに悲惨な体験をした人にとって、身に起きた出来事を語ることほど辛いものはない。ときに回りくどくしか言えず、また事実とは異なることを述べる場合もあるだろう。あるいは客観的であるかはともかく、本人にとっては事実としか感じられないことを口にしもするだろう。時系列が前後することもあれば、関係した人物たちが入れ替わったりすることもあるだろう。だが、そのことで彼女たちの語り全体を嘘偽りだと退けることができるだろうか。

身に刻まれた痛みや悲しみを抑えることも晴らすこともかなわない。引き裂かれた感情を抱え、それでも正気を保たないことには生きていけない。摩滅しそうになりながら生きてきた人の言葉が、穏当に理解できるようなものになるわけがない。身が軋むような生き方を強いられてきたのであれば、ほつれた語り口で言わざるを得ない必然性がある。「あのなんか昔からなんて言うのかなこういう感じ」と逡巡してしか語りようがない。これ自体が彼女の生きている地点、生きてきた道筋がどういったものだったかを指し示している。聞く側にとってわかりやすい筋立てを語り手に求めるとき、ひとつの線的な物語に収斂《しゅうれん》されることのない無数の人たちの声の厚みが聞こえなくなるのだ。

だが、あまりの理解のできなさにたじろぐこともある。上間さんが調査を行ってきた中での発見として、「キャバクラの子たちは友達を裏切らない」というものがある。「彼女たちはコミュニティを絶対に壊さない方法を経験的に熟知している」という。ところが、4年にわたり話を聞いてきた、ある女性は違った。友達を裏切り、平気で関係性を壊すようなことをしでかす。持続すべき関係への期待がないとすれば、そういう扱い方は自分に対しても行われるのではないか。

「こんなことしたら絶対にレイプされるから気をつけようねと話したのに、すごい危ないところへ自らポンと飛び込むこともある。わけがわからない。人はこんなにもわからないものだなと思わされる」

ありありと他者であると感じさせられるのは、彼女に限らず選択が一か八かの博打にしか見えないときだ。

その背景には、「限りなく貧困ラインで生きている人たちをめぐる二層化」があると言う。

「親が労働者階級でルーティンがしっかり回っている子たちがいる。一方で暴力にさらされてルーティンがすぐに破壊されるところで育った子がいる」

食事をしよう、風呂に入ろうと思っても、帰ってきた親が暴れて中断させられる。決められた時間に物事を行ったり、予定を立ててその通り実行するのも難しい。そうやって長年かけてルーティンが破壊された子の傾向としてあるのが「博打を打つ」だ。

「これは絶対にアウトということをやる。それでは無理だと言っても、『頑張ります』と決意表明する。でも結果はきつい状況になっていく。自己破壊的であり他者破壊的。なぜそうなるのかがわかりづらい」

自己破壊的に見える選択がその人のなけなしの生存の方法だとしても、あまりにしんどい結果をもたらすのであれば生存戦略になっていないのではないか？　と思えてならない。けれども、自身にとってきつくて破壊的ではあっても、なんであれ今日まで生き延びてきたのであれば、それがその人の現実との接点で身につけた乗りきり方なのだろう。それはそれとして尊重すべきなのか。

「トラウマからサバイブするとはどういうことかと本で読んではいたけれど、現れ方も違うし、関係もあるからもっとわからなくなる。そういうことのひとつひとつがわかるときと今はわからないけれど、もう少ししたらわかるかなみたいなのがあるので、一応やっていけている」

■隔たった遠い他者の望み

「でも他者ですね」と続ける。
「あなたにこんな目にあってほしくない。こういうことを心配しているよ、という話をして、どう思っているか教えてくれたら嬉しいですと言って聞かせてもらう。だけど、だいたい一致点はないんです」

過酷すぎる状況が彼女たちに選択ではなく博打を打たせる生き方をさせた。そうまとめると、確かにそうかもしれないと思いはする。だから、より良い人生の選択をした方がいいと彼女に望むとき、私は彼女の話を聞くことから遠ざかってはいないだろうかとふと思う。ただ、こうした感慨は私が彼女が立ち合っている現場にいないからこそではあるだろう。

「自分でなんとかするしかないと思っている地平がまずあるから望みの話が出てこない。望んでいいと思っていないから助けを求めない。助けられたことがなければニーズ化しない」

聞き取られるべきは望みだ。それは大きな声で語られない。

『裸足で逃げる』を読んだ女の子がいた。児童養護施設の職員がその子を上間さんの研究室に連れてきたことがある。小さいときから風俗で働かされていた。保護されたものの、大人なんか絶対に信用しないという子だった。

「この子が会いたいと口にしたんです。だから絶対に実現させようと思って連れてきました」

女の子は何も話さなかった。話せなかった。上間さんが「誰に一番似てた？」と著書で取り上げた人物の名を聞くと、ＤＶを受け続けていた「翼」の名前をあげた。

「殴られていた？」

「死ぬほど殴られていた」

その子は泣いて帰った。後に施設の職員と電話で話すと、本当は彼女は怒っていたのだと打ち明けた。本を読んで泣きながら怒っていた。

「この子たち超幸せ。みんな誰かがいる。私は一人ぼっちだったんだよ」

彼女は上間さんに文句を言いに来たつもりだった。それを職員は喜んでいた。「願いが出てきた」という言い方で。それが嬉しいのだと。暴力を受けた過去。やっと芽生えた望みが「文句」であり、それが嬉しいという周囲の大人。「本当は何を望んでいるのか」は望んでいいと周囲に許され、自らも許すことからしか始まらない。

「自分と違うところで生きていて、生き抜いてきた。すごいものとして感じます。そういうことが学校だとか公共の場で話され、それを聞いたとき、本当に他者という存在に慄《おのの》くでしょう。多分それを聞いたら自分はどうなんだろうという内省が始まりますよね」

聞き取られない声がある。だから聞かないといけない。何を聞くのかではなく、ただ聞く。子供らにより良い生き方を諭す前にすべきなのは、すでに生きている事実について耳を傾けることではないか。

改めて「社会を変えるには教育しか変える場所がない」について考えたい。自分が何を望んでいるのか。それを言葉にしていいのだと教えることができれば、その人を取り巻く現実はすぐには変わらないにしても、差し伸べられた手を握る力が自分にはあると思えるかもしれない。あるいは手をはね除けることもできるかもしれない。ただ聞くということ。たったそれだけの、そして力強い時間を教育に望むのは決して青臭いことではないだろう。

上間さんにインタビューを行った日は『海をあげる』（筑摩書房）の発売日だった。数日後、本を手に入れ読み始めた。頻出する「ごはん」という言葉に格別の色合いがあった。読みながら「ごはん」と唱えてみると、それは私が命をながらえるため、あなたに生きていてほしいからといった、生命と直に結びつくような何かとして「ごはん」が感じられた。たとえ、それがコンビニのおにぎりであっても、それを誰かに差し出すとき「捧げる」といった行いになっていると感じられるような尊い感じ。

生きること、愛しい気持ち、かけがえのない暮らし、そして生命。それらが削られていったとしても、それでも生きている。拉《ひし》がれて生きていく。誰からも何も捧げられたことなどなく、飢餓感を抱いていることも口にできない人たちが、でも、それでもと生きている。その人たちの口にする「ごはん」を想う。

文中の「ごはん」を目にするたびに、ここに登場する人たちの人生でどれだけのことが起きてしまったのかと想像される。ここで起きたことは他で起きることでもある。けれどもほかならないここでしか起きないことでもある。日本にとって沖縄とはなんなのか。この問いはずっと続けられてきた。そして青い海に投入された大量の土砂。

「この海をひとりで抱えることはもうできない。だからあなたに、海をあげる」

那覇空港に降り立った瞬間から戦闘機の爆音が耳をつんざく。観光客は知っている。高速道路の向こうをオスプレイが飛ぶ。車を走らせるとアメリカの兵士たちが基地に向かう車と並走する。「ごはん」の遠景にはっきりと暴力がとぐろを巻いているのを観る。

■手渡された海について何を語るのか

人の話を聞く際、私は相手の話す内容の意味についてほとんど聞いていないと述べた。意味にならない声音に耳、というより身体を傾けている。そう、声と音だ。それらが満ち引きのように耳朶《じだ》を包んでは離れていく。『海をあげる』を読んでいると、彼女の声音が波に似ていると感じた。

以前書いた自著の中で私は幼い頃から感じていた、「もの、こと、ひと」の風合いが見せる様子について描いた。この場を吹き渡る風や目の端にとまった振る舞い、そして佇まいといった人が見せる景色がいつも流れ込んできた。それは風土と呼ばれるものと分かち難いのだと感じている。

上間さんの文章を読んでいると、やはり風土を感じる。あの声音は寄せる波が身体に絡まる際に立てるような、海中から水面に上がり一拍置いて息をすうっと吸い込むような、海に棲んでいたものが陸に上がってしまったことで、重力を知ってしまったがゆえの息の音にも似ている。

人が人であることを人のあいだだけで理解するのではなく、眼前の社会をそのまま現実のすべてと錯覚するのではなく、海や風、土に照らされた何者かとしてわからなければいけない。

観念の外にはみ出た私たちとして生きなくては。この生を理解しようとするのであれば。

第 2 章

まだ語られていない声を聞くということ

第 3 章

あなたがあなたとして存在することを認める

人間らしさの回復を謳うユマニチュード

「まるでピアニストのようだ」。三軒茶屋にある割烹での食事の合間、カウンター越しに見える料理人の一切無駄のない動きについて、イヴ・ジネストさんはそう評した。興味あるものへの観察を怠らない態度と目にしたものに言葉を添わせるところに、彼の感性の一端を見た気がした。

鳥の巣のようなモジャッとした髪に加え、赤か青のオーバーオールをいつも着ていて、それがアイコンになっている。フランスで閣僚に会う際もその格好で行こうとして、「さすがにそれは」とたしなめられて着替えた以外は、その格好で通しているそうだ。

イヴさんはユマニチュードという認知症高齢者のためのケアの技法をロゼット・マレスコッティさんと共に創出した。ユマニチュードはフランス語で「人間らしさ」を意味する。ユマニチュードを知ったのはこの日の会食から遡ること2年、2013年だった。「人間らしさ」という語がなんとなく気になった。この島における「普通の生活」と呼ばれるものの実態は、年間の自殺者の数が内戦規模と見紛うことからわかる通り、正気の沙汰ではない。まともでいようとすれば狂わずにはいられないし、狂わないでいようとしたらまともではいられない。およそ人間らしくあれないことが多い中、ではフランスの文化においては、それをどのように定義し、獲得しようとしているのか。興味を持たざるを得なかった。翌2014年、ユマニチュードを日本に紹介し、自らも実践されている医師の本田美和子さんにインタビューする機会を得た。

本田さんが現場で見聞きし、また体験した話は噂に違わず、さまざまな驚くべき事例の数々だった。ある種の魔法に見える人もいるだろう。ユマニチュードのケアによって、まったく人と言葉を交わせなくなるような重篤な状態に陥っていた人が話し、髪を梳かし、食事し、果ては歩いたりと、劇的な変化を起こすのだから。

何か特別な秘術があるはずだと思ってもおかしくない。だが、変革を可能にしたのは、徹底的なまでの「常識」の実践だった。そう聞いて、ひどく腑に落ちた。

「常識」とは「相手を相手として認める」ことだ。最初これを聞いたとき、慈しみの発露のことか？ と解釈しそうになった。それだけ私がこの社会において「その人をその人としてそのまま認める」ことが例外なのだという悪しき常識に浸かっていた証だろう。

■あなたの尊厳を奪わないときに私は尊厳を得られる

私の理解した慈しみの表現とは何かと言えば、目の前に寝たきりだったり、意思を表す術を失ったように見える人がいた場合、「そんなあなたでも大丈夫ですよ」といった情け深さで接する態度を指す。けれども話を聞くうちに、それでは相手の無力さを追認した憐れみであって、ユマニチュードの言う常識の徹底とは異なると気づいた。「相手を相手として認める」とは、相手から尊厳を奪わないことなのだ。

たとえば、あなたがもはや自力では身の回りのことが何もできない無力な人とみなされたとする。身体の清拭《せいしき》やおむつ交換などのケアの際、細心の注意を払って手際よく行われたとして、だからこそあたかも物のように扱われるとき、人間としての扱いから転落した状態に陥っている。そのようなケアに出会うたびにあなたは尊厳を奪われていることになる。深く悲しみ傷つく体験の連続がケアの時間になってしまうだろう。

ユマニチュードにおいては、人が自らに尊厳を感じるのは「私が他者に対して良き扱い（ビアントレタンス）をするときだ」と定義している。ケアする人たちが認知症患者と接する際、彼らを人間として、尊厳ある存在として扱うときに、実はケアする人たちも初めて自らの尊厳を保つことができるわけだ。つまり、認知症患者を物のように扱うことでケアする側も自身の尊厳を傷つけていたことになる。

あなたを正当に扱うという〝常識的〟なケアは、あなたがあなたとして存在するという、ごく当たり前の事実を認めることにほかならない。そして、それは私が私として存在できることと深くつながっている。

私たちのあいだにある、つながりに働きかけるからユマニチュードは驚異的な変化をもたらすのかもしれない。これに気づいたことが後に「その人の話をその人の話として聞く」という言い回しを私が思いつくに至ったのだと思う。

取材中に感情が揺らぐことは滅多にない。けれども話を聞きながら、目頭が少し熱くなった。私たちは成長するに従って、「私が私として存在できる」ことは滅多にあり得ないのだと思うようになる。

人生に対するさまざまな思い込みに満ちたコンセプトがある。「ありのままで生きる」などお伽話に過ぎない。生きるとは、この社会における生存を懸けた熾烈な競争を意味する。いかに生き延びるかが重要なテーマなのだから、ありのままでいていいわけがない。私が私として存在するのではなく、常に成長し、私ではない何者かにならない限り、社会に認められないし、現世をサバイブできない。

けれども功成り名遂げて何者かになったとき、ふと気づく。肝心の自分が誰なのかわからない。それを口にするわけにはいかない。これまでに積み上げてきたことが無意味かもしれないと気づくなど、耐えられないことだ。

この社会でいかに生き延びるかに努めてきた人にすれば、ユマニチュードの提唱する人と人との関係性は、夢想家の戯言にしか聞こえないだろう。

だが仮に夢想だとしても、認知の低下した人がそれによって著しく行動が変わるとしたら、私たちは本当は心の底から尊厳を欲していたし、そのことに生きる意欲と喜びを得ていることになるだろう。そうなると、私たちが信じているこの社会の厳しさに合わせた生き方こそが夢物語かもしれない。

■怖れを捨てることで人生は開かれる

本田さんへのインタビューを終えてからしばらくは、「尊厳を奪わない」とは何か？について考え続けた。これが単なるコンセプトではないのは、それを実現するための方法がユマニチュードにはあるからだ。これについては後述するが、たとえば相手と目を合わせる、触れるといった身体を伴った技法だ。

幸い私は目を合わせるのも触れるのも苦手な気質で、それらがまったく当たり前ではないからこそ、ユマニチュードがどのように相手と目を合わせ、どのように相手に触れているのか気になった。それらの「どのように」が人間の尊厳にまで届くような内実を持っているとすれば、世間に出回っている「こうすれば痩せる・儲かる」式の安易なノウハウではないのは確かだと思った。

そして、「どのように?」の奥に「なぜ?」という根源的な問いがあるはずだと感じた。なぜ目を合わせ、なぜ相手に触れることが必要なのか? その「なぜ?」という問いに対して、さらに問いを進めていくと、フランスという文化の土壌における身体観と人生観がほのかに見えてきた。

私が重ねて「なぜ?」を問う気になったのは、ユマニチュードはケアを受ける人に立ってもらうよう誘《いざな》うからだ。自律と自立をとても重視している。自分が立とうと決める「自律」と実際に立つことと、それが難しい場合に援助を受ける「自立」だ。

自律に自立と聞くと、お金を稼げるようになる、しっかりとしたビジョンを持つ、そういった社会の価値観で捉える機会は大いにある。でも、それらは社会的であるとか生産性だとか、限定的な条件のもとでの概念でしかなく、地に足のついたものではない。

実際の自律・自立とは文字通り、自分の足で立つことに始まる。立つことが人間の知性の原点であり、根拠のない自信の礎であり、自由の源泉になっているのではないか。

そのように思い至ったことをイヴさんに問うようになったのは、もう少し後のことだ。この日2015年2月の会食における核心は、彼が「怖れを捨てる」について話し始めたときだった。

「私がものごとを決める。このシンプルさに立ち返るとき、人は恐怖から離れ、人生は開かれる」

ユマニチュードを解き明かす上で非常に示唆的な話だった。ケアを行う根本には、怖れを捨てることが欠かせない。いや、この姿勢はケアに限ったものではなく生きることに関わることかもしれない。

怖れとは、職業や地位、あるいは自分や周りがこしらえたイメージにふさわしく「こうであらねばならない」と振る舞うときに、あるいは、それらの社会的立場がもたらす権力を失うのではないかと思うときに生じる。

では、怖れを捨てたときに何が訪れるのか。おそらく一個の人間として存在する。この事実を全身で表現する状態がやって来るだろう。恐怖を手放し、恥ずかしさも複雑な感情もないとき、そこにたったひとりの人間が現れる。

「あなたは決して相手を変えようとしていない。ただその人がその人であることを認めている」

私がそう言うと、彼はこう返した。

「変えるとか以前の状態に戻すではなく、今ここの瞬間のあなたに注目する。それが大事だ」

■愛とは概念ではなく実践

「今ここの瞬間のあなたに注目する」を聞いたとき、ヨーロッパにおいては、それを愛と呼ぶのではないかと思った。彼は目の前の人間を見ている。人間を、社会を特別なものに変えようとはしていない。

ユマニチュードとは「人間らしさ」を意味する。この社会では「人間らしさ」を「今この瞬間」ではないところ、発展や向上した果ての「そうあるべき」姿に見出す。それ以外は怠惰なもの、未熟なもの、社会を乱すものとして削除するよう求める。その抑圧が私たちを行儀良くし、秩序との同調性を促し、社会性を高めると同時に尊厳を損なう。人間らしく生きることが哲学的な命題になるというのは、本来ならばおかしなことなのだ。

生きることの価値が生きている事実以上にあるだろうか。生きていることをただ受けとめる。現世においてはそれはとても困難なことになっている。だからこそ、それが愛になり得るのではないか。

「あなたの言いたいことは、愛という概念ではなく……」と私が言った後に、すかさず「プラクティスだ」と彼は続けたので、「イエス！」と言うと握手を求められた。

愛は行いを通じてしか示せない。プラクティスとは実践で、それらの行いの積み重ねをあるとき振り返ると、「これは愛と呼べるものかもしれない」と概念として説明できるようになるのだろう。思い描いた理想を実践すれば即座に愛になるわけではない。

愛を巡ってのやりとりを交わしたことで、彼の背景にあるフランスの文化には、日本に住んでいるとわからない身体観が確実にあるのだと感得した一夜だった。

おそらくハートとマインドとスピリットが合致したときに恐怖はなくなり、愛は体現されるのだろうということがかろうじてわかった。私は、そこに西欧文明の生んだヒューマニズムの極みを見てとった。

第 3 章

あなたがあなたとして存在することを認める

見る・話す・触れる・立つ

幾度かの会食の後、3日間で約20時間ほど、イヴさんにインタビューする機会を得た。聞き取った内容を軸に書籍を作ることになったのだ。

ユマニチュードがなぜ生まれたのか。その経緯を皮切りに、ユマニチュードの思想と技法など話題は多岐にわたった。さまざまな角度から質問をし、またイヴさんもたくさんのエピソードをユーモアを交えて説明してくれた。一日6時間くらいの長丁場のインタビューであっても、疲れなかったし話題が決して散漫にならなかったのは、私の関心の焦点がずっと「相手を相手として認める」とはいかにして可能なのか？ にあったからかもしれない。

シンプルでありながら「相手を相手として認める」ことが日々の暮らしでは難しい。私たちのごく普通の日常における人間関係は利害得失に加え、忖度、駆け引き、嫉妬や羨望などいろんな手管と感情が絡まった挙句、相手に良し悪しをつけてジャッジすることに忙しい。

かといって自分はどうなのだと言えば、ジャッジされずにそのままを受け入れてほしいと願っていたりする。本当のことを知りたいのに、本当を明らかにすることを怖れている。そんな期待と葛藤を抱えていることそのものが人間的と言えばそうかもしれない。

けれども「そのままを受け入れ認める」という開かれた状態にいる方が自分を偽らないで済むし、リラックスできるし、心地よいとはわかっている。できればそうなりたいと誰しも思ってはいるだろう。

これはあくまで私の理解ではあるけれど、ユマニチュードは人間とは何か？　の問いを根っこに据えているので、ケアを離れた日常においても自分を省みる上でとても有用だと思う。その有効さというのは、相手を「そのまま受け入れ認める状態になりたい」という思いがあったとして、それを意気込みとか気持ちのあり方だけにせず、技術として可能にする道筋をつけているところにある。

■水平の眼差しがもたらす対等な関係

ユマニチュードは、どのようにして「相手を相手として認める」を可能にしているのか。

柱として、「見る・話す・触れる・立つ」を位置付けている。
まず目を合わせることについて言えば、ケアする人は必ず相手を水平の視線で捉える。イヴさんはこう言う。

「目と目の軸を合わせて正面からしっかり見たとき、正直だということを示している。近くて長い視線である場合、優しさや愛情、友情を示している」

ケアの現場で働く人であれば「目を合わせることなんて普通にやっている」と思っている人は多いだろう。けれども、もしかしたらベッドの上から相手を見下ろしていても、目を合わせることのうちに数えているのかもしれない。

目を合わせたとしても心の中で「何もできない無力な人だ」と悪気なく、けれども対等に扱っていないとき、心理的には見下ろしている。その目の合わせ方は一瞥《いちべつ》をくれる視線になっているのではないか。チラッと見ることは、冷ややかさの表明になっている。

かといって悪意があるわけではなく、当人も知らないうちに相手が「無力な状態にいる」という弱った姿を見ることに耐えられないから、真っ直ぐに見られないのかもしれない。できないことの多さが人生から逸脱したように思わせるとき、それとは自分は距離を置いていたい。その忌避の感覚は無自覚に見下ろす視線を自らに許してしまう。

しかし、目の前の人が仮に良かれと思ってなされている医療行為によって力を奪われ、「寝たきりの状態にさせられている」としたらどうだろう。そこに認めた弱さは、その人本来の姿ではないということだ。

上から目線は、支配を意味する。権力関係があるからこそ、上から見下ろすという立ち位置を普通のことと思える感性を可能にしてしまうのだ。

ユマニチュードはケアの技法である。けれども、イヴさんが「水平の視線は『平等である』といった言語表現と結びついています」と話すとき、ケアの射程を超えて「人間的であるとはどういうことか？」についてまで及んでいる。そのように私は受け取った。

私たちは普段から絶え間なく尊厳を損なうあり方を学んでいるかもしれない。相手ではなく、まず私たちは私たち自身と水平の視線を交わすことができていない。

私たちは「理想の自分」と「そうはなれない自分」とのあいだを行き来しては、絶えず「なぜそんなこともできないのだ」と己を責め立てている。

あるいは擁護はするが、決して現状の自分を認めない。今の自分と目を合わせることを避けている。怖れがあるのだ。「今ここの瞬間のあなたに注目する」ことができない。愛が足りないのかもしれない。「あなた」とは、私の別名だ。

私が他人である「あなた」のことがわかるのは、あなたの中に私を見つけ、そして私の中にあなたを見つけるからだ。私にとって私とは最も身近な他者だ。

「人間らしさ」は、「私が他者に対して良き扱い（ビアントレタンス）」をするときに訪れる。そうであれば、私は私の中の私を責めず、無力であると非難せず、受け入れるところから始めないといけないだろう。ありのままの自分と目を合わせる。

真摯に他者を見るとき、つまり「今ここの私」として私を見るとき、これまでは「当たり前だった」はずの立ち位置から異なる場所へと歩みを着実に進めているはずだ。なぜなら、そこに見るのは「理想の自分」や「そうはなれない自分」といった、過去の記憶に基づく葛藤を抱えた私ではないから。

■人間の世界に迎え入れる

「見る」の次の柱である「話す」について説明するにあたって、イヴさんはこう切り出した。

「ドイツの強制収容所でどんなことが起きたか知っていますか。話すことを禁じました。歌うことを禁じました。見ることを禁じました。アイコンタクトを禁じました。自分の名前を忘れさせ、番号をつけました。それは非人間化の条件を整えることです。あなたが人間であることを忘れさせようとする」

それほど話すことは、私たちが人間である上で不可欠なのだ。ところがイヴさんが以前、ある病棟で行った調査では、認知症で自分からコミュニケーションしなくなった人たちは、スタッフから24時間のうち平均して１２０秒しか話しかけられておらず、なかには10年間一言も話しかけられずに過ごしている患者もいた。もう話すことができない状態なのだからコミュニケーションができない。そう思われて積極的に話しかけられなかった。強制収容所ではない施設で社会的な死、非人間化の試みが遂行されていたことになる。

人が人に話しかけること。これは人間が生まれ落ちた直後から生きていく上で欠かせないのだという。人間は母親の胎内から出てきた段階では生物学的な誕生ではあっても、「人間の種にまだ迎え入れられていない」からだ。

「鹿であれば、親が赤ちゃんを舐める行為が終わった段階で乳を飲めるようになります。仔鹿は舐められないと死んでしまう。いわば舐められることで第二の誕生がある。舐めることで『おまえは鹿だよ』と言っているのです。人間でも同じことが起きます。舐める行為にあたるのが見るであり、話す、触れるです」

老齢を迎えるまでは人間であった。ところが認知症になった途端、話しかけられず人間扱いされなくなる。

仕方がない。話すことができないのだから。何を話して良いかもわからないのだし。悪意があるのではなく、能力を失ったように見える人とどう接していいかわからないのだ。

「人間関係で一番つらいのはまったく話しかけられなくなることです。フランスでは、そういう状態を表すフレーズがあります。『あの人たちには、私はもう言葉もかけたくない。話したくもないし、見たくもない』。つまり、私の住んでいる世界とは違う世界の人間だということを言っているわけです。自分は人間の世界にいるけれども、相手はその世界にはいないということですよね。そうなると、どこの世界にその人は住んでいることになるんでしょう。それは大きな問題です」

けれども同じように言語をうまく話せなくても赤ちゃんには私たちは優しく話しかける。答えが返ってくることを期待せず、ただ話しかける。

「相手が答えなければ話しかけなくなるのは、その人のせいではないということがわかったのです」

そこでオートフィードバックという技術を開発した。「私が話すのではなく私の手が話す」というように、清拭の際に「肘を拭いています」「肩を洗っています」と自分の手がしていることを語る。そうすることで話す時間を引き延ばすことができる。一方的に話すことになったとしても、相手の感覚の記憶には残るはずだ。実際、閉じ込め症候群とか不動症候群の改善に効果があった。

「言葉と結びつけることができるような音楽を探そうと思ったんです。つまり歌を作るようなことです。ケアをするときに音楽に相当するものがあります。ケアをしているあいだ、ずっと何かが続いています。ケア自体が続いているし、私の手の動きが続いています。それで決めたのです。自分の手が何をしているかを言葉で表現する練習をしようと」

相手からの目立った反応はなくても、その人と関係を持とうとするには言葉が必要なのは、認知症であっても感情記憶は機能しているからだ。そこに働きかけるようなポジティブな言葉を使うのだという。それは「よくできましたね」といった肯定だけではない。ときに「腕を上げてくれませんか」といった尋ねることも含んでいる。言葉のやりとりが難しいと思われていた人が腕を上げる様子に普段から接していたスタッフは驚く。

「尋ねるという技術を使ったから、ちゃんと自分で腕を上げてくれたんです。『聞いてみる』というテクニックを使わなければ、『本人には理解できるんだ』ということもわからなかったわけです」

さまざまな事例や記録映像を見る中で私は「変えるとか以前の状態に戻すではなく、今ここの瞬間のあなたに注目する。それが大事だ」と言った、イヴさんの発言を思い出した。

■ 禁止と抑制の言葉から信頼は生まれない

人とつながるための言葉を探す。信頼を引き出す話しかけはテクニックではあるが、表面的なものではなく、人間とはどういう存在なのか？　という問いかけがないことには十分に機能しないものだと感じた。

ケアを必要とする人が他の人ではなく、目の前にいるイヴさんに再び口を開いたのは、彼を信頼したからだろう。この人になら依存しても大丈夫だという安心を見出したはずだ。依存することで自律・自立した自分を取り戻せるかもしれない。そこに希望を感じるのではないか。

おそらく、本人もできないことが増えているのはわかってはいるはずだ。現実がどうも不透明感を増している。どうしてここに自分がいるのかわからない。だから家に帰ろうと思うのだが、どうやって戻ればいいのかわからない。ここがどこなのかも記憶が朧げだ。手がかりを求めて歩く。それを人は徘徊と呼ぶ。不安の現れではあるだろう。なのに、落ち着かない気持ちは解消されることはなく、徘徊を禁止され、身体を拘束されて「動いてはいけません」と言われる。不安はなくならないどころかますます募る。禁止と抑制の言葉から信頼は生まれない。

水平の関係が築かれるための手がかりは、ケアされる側からすれば、身近にポジティブな言動をする人がいて、「この人は私の感じている不安にちゃんと応じてくれるのではないか」という予感を抱けるところから始まるだろう。だとしたら、ケアする側は目の前にいる人が能力のない、悲惨な境遇の、弱い人だとみなす観点を持っていては、無言の訴えを聞き取れないことになる。

これはケアの現場に限った話ではないが、相手の訴えを聞くことはとても大切だ。そして話を聞く上で観点は欠かせない。「何を・どこから・どのように捉えているのか」がわからないままでは、相手の話を明確に知ることはできないからだ。

そしてもっと重要なのは、自分が見ている景色は、常に特定のポジションに立脚しているからこそ「そのように見えてくる」ものでしかないと知っておくことだ。それを忘れると、自分のものの見方に特権を与えてしまうことになる。ひいては私にとって正しいかどうかだけが基準になってしまう。

■権力関係ではなく絆を結ぶ

ケアの場で起きることは特殊な出来事に見えて、実は日常で生じているはずの互いの意思の疎通の齟齬を明らかにしている。たとえばフランスの施設では、シャワーを拒絶して、ケアする人に暴言を吐いたり、暴力を振るったりする人がいた。衛生上、シャワーを浴びる必要はあるのに、それを拒否し続けた。6人がかりでケアしなければならないくらい大変だったという。

イヴさんは、その人は水が嫌いなのでも身体を洗うのが嫌なのでもなく、〝ケアにおけるシャワーが嫌いなのではないか〟と後に気づいた。それは触れられたくない触れられ方、敬意を感じられない接し方への拒否だった。

スタッフにとっては、このままでは衛生上の問題があるという現実の判断がある。一方で、ケアされる人にとっての「浴びたくない」という現実があるとき、シャワーを浴びることは権利の次元に移して討議されるようになる。そうなると認知症ではない側の現実を基準に判断することになり、必ず「こちらの判断の方が正しいのだから」といった力関係がテーマになる。

彼は認知症だから拒否している。彼がどれだけ抵抗しようが、懇願しようが、その判断は誤っているから無視していい。結果として彼のためになるのだから。それで衛生的な状態は保たれるかもしれない。

しかしながら、私たちはそこに「結果として彼のためになるのだから」が言い訳でしかないことに気がついている。後ろめたい気持ちを抱えることになる。それは「良き扱い（ビアントレタンス）」からほど遠い。

「けれども、ひとつ方法があります。絆です。それがあればバスルームに来てくれます。どうして来てくれるかと言ったら私のことが好きだから。ポジティブな依存関係すなわち絆が唯一の方法です。さもないとその人は扱いの難しい暴力的な患者になります」

私の現実は正しいが、あなたの現実は正しくない。そうした言葉を磨いていけば、ジャッジは鋭くなっていくだろう。けれども、その人がそのような現実にいるという事実は誰からも見向きもされないことになる。

「絆がなくなったら孤独です。ユマニチュードは何かといったら絆の哲学です。いかにポジティブな絆をつくるか。だからポジティブな依存の哲学です。私は決して僧侶や仙人のような生活をするつもりはない。私が大切にし、また私に価値が与えられるのは、ブッダのように孤独になってひとりで思考を高めるからではないのです。私の価値は人との絆でできている。そういったつながりを築くところにあります。私の人生の目的というのは、物事から離脱することではなく、つながること。接続すること。地球上の全人類がお互いに手をつなぎあったら、手榴弾を投げる手がなくなる。すてきでしょ？」

第 3 章

あなたがあなたとして存在することを認める

触れるという歓待

「触れ合い」という言葉は、人と人の情緒的なつながりを意味する。「合い」は「互いに」を指しはしても、実際にお互いの身体にベタベタ触れた上で感情や思いを確かめ合うわけではない。触れ合いは言葉や眼差し、息遣い、耳を傾ける仕草といった身振りや形を伴わない声音で行われている。こうしたやり取りの中で私たちが理解しているのは、触れるとは触れられることであり、一方的に触れるなどあり得ないことだ。

「触れられると、そのときに感情分析が常に行われています。つまり、触れるということ自体が意味を持ってくる」

そうイヴさんは説明する。誰かに触れられた途端、それが敵意あるものか優しさを携えているのか、すぐさまわかる。だとしたら、触れる前の状態があなたと私のつながりの質を決めているわけだ。

たとえば歯科医に虫歯を診てもらうとき、大きく口を開けて指を入れられる。必要だから相手が私に触れることを許可しているのであって、普段なら受け入れ難い不快さを感じるだろう。この場合のつながりの質は治療という必要性に関わっている。同意がなければ自分の存在が無視されているような触れられ方だと感じるだろう。

ケアにおいては必要性に基づいた触れ方が行われる。患者の安全や健康を保証するのがケアだから、虐待を除けば、ケアする側が仕事において攻撃的に触れるということは本来はあり得ない。けれども触れることは触れられることなのだ。意図せずして、相手に攻撃的だと感じられてしまう状態に、ケアする側の触れ方の質が設定されているとしたらどうだろう。

認知症の人が、こういうものとしてケアを体験しているとする。

寝ていたらいきなりドアを開けられ、ガバッと布団をめくられ、腕を掴まれた。怖くて必死に振りほどこうとした。そしたら手を拘束された。

ところが、ケアする人から見た景色はそれとは異なっている。いきなりではなくちゃんとドアをノックして入った。「身体をきれいにしましょうね」と声をかけた。さっぱりした方が気持ちよく過ごせる。だから清拭をしたいのにそれを拒否され、それでもスタッフはなんとかケアを試みた。でもダメで激しい拒絶にあった。その手が顔に当たったので仕方なく手を拘束した。

良かれと思ってのケアなのに拒絶される。そのことで心を痛めてしまう。認知症に関わる看護師の離職率は高いという。

認知症の度合いによっては、病院にいるとわかっていない人もいる。自分の家にいると思っているのに、他人が急に入ってきて、布団をめくり、腕を上から鷲摑みにされた。攻撃的な触れ方をされた。敵意があるとしか思えない。恐怖のあまり抵抗した。この人にとってはケアがケアとして受け取られていない。

たとえ認知は低下していても、怖れという本能に基づく感情を人間は最後まで持ち続けている。私たちが普段、他人から腕を押さえ込むように摑まれたら、咄嗟にその手を振り解くだろう。

では、ケアの場ではなぜそれが当然のように行われているかと言えば、「認知症だから状況を何もわかっていない人だ」という無自覚のジャッジがあるせいかもしれない。だから無造作に上から目線に基づいた、鷲摑みという支配を行ってしまっている。

良かれと思ってすることなのに相手が暴れ、ケアを拒絶する。そうなると言うことを聞かない患者だという評価になってしまう。そうではなく、相手は尊厳が傷つけられているという事態を、怖れを通じて理解しているから防御を行ったのだ。
触れ合いの意味する情緒的なつながりには、攻撃性は含まれていない。どちらかと言えば、感情や感覚が満たされるという穏やかさが期待されている。そうなると恐怖が支配する出会い方には、人間らしい触れ合いは見出せない。

■人間の輪の中に迎え入れるコミュニケーション

私は一連の話を聞きながら、ドアをノックすることも空間への触れ方であり、コミュニケーションなのだと知った。ユマニチュードでは、部屋に入る前に必ずノックをし、相手の反応を待つ。返事がある。あるいはこちらに気づいたことが確認できないうちに勝手に入らない。つまりノックをして入ったと思っている人であっても、必ずしも相手の許可を得ているわけではないのだ。

「ノックをすることによって、まず中にいる相手に人が入ってくることを受け入れるか、受け入れないかを選択できるということを認識してもらうんです」

イヴさんの1000人にのぼる調査では部屋に入る際、医師も付き添いの人も掃除する人もノックしたら、部屋にいる人が応えてからではなく、すぐさま部屋に入っていた。

「ホテルではコンコンコンとノックがされて、私が応える前に入ってくるなんていうことはありません。でも、病院だと全員が入ってくるんです」

ノックをすることがマナーであるのは、その人のテリトリーに入る許可を伺うことにおいてだ。部屋に入られる側からするとテリトリーに迎え入れることが歓待になるのか。それとも侵食になるのか。相手に敵意があるかどうかの見極めが重大になってくる。

社会性を強く持って生活している場合は、争いを避けようとするから、ノックのマナーをきっちり守らなくても冗談で誤魔化したり、見過ごしたりするだろうし、表層ではそんなに問題に思ってないかもしれない。

けれども、認知のレベルが減退し、かわって本能的な感情や感覚の判断が優位になれば、マナーを守らない相手は警戒の必要な存在となって当然だ。マナーは上辺を飾るものではなく、互いが争って致命的な事態に至らないための作法なのだ。

原始的な人間の振る舞いに立ち返ると、敵なのかどうかを問う厳しい関係性が浮上してくる。ただ、ユマニチュードはつながりを重視している。人間らしさを分かち合いや優しさに求めている。つながりの輪の中に再び入るように促す。

「人間の種というコミュニティに私たちは属しています。人間はその中で話し、触れ、そして食事を分かち合います。でも、そこから外れそうになったり、実際に外れてしまって自殺する人もいます。他の人間と一緒に暮らすという絆がなくなってしまう。あるいは、病気で人間の世界から出てしまう人もいるんです。

認知症だからしゃべらないし、見ないし、立たない。どうもこの人たちはつながりがないみたいだ。だから、この人たちは、私の世界とは別のところにいる人なんだと思ってしまうんです」

別の世界にいる。「だから私と無関係でいい」のではなく、「別のところにいる。だからこそ迎え入れる必要がある」のだ。同種の人間を敵とみなさない、これこそがユマニチュードの特徴なのだろう。

私は歓待する。迎え入れることを表現するのが苦手だ。相手の手がいたわりを伴っていたとしても、不意に触れられるのも不得手で、かつては無意識に手を振り払うようなことをしていた。今はそこまではしない。けれどもぎゅっと身体を固めてそれが過ぎ去るのを待つということも多い。イヴさんにもユマニチュードの実例として何度も触れられたけれど、身体を固めていた覚えがある。一緒に写真を撮った際、イヴさんが私の肩に触れた。私の笑顔は固いままだった。

■個人的な関係で何が問題なのか？

ある認知症の男性に対するイヴさんのアプローチを記録した映像を見た。その人は介護士に怒鳴ったり、最近では叩いたりもするようになっている。ところが出会って十数分で、イヴさんは、車椅子に座ることが多く、長らく歩いていないその男性を立たせ、支えながら歩かせた。

「笑ってみてください」と話しかけると、男性は笑う。するとイヴさんは彼の頭を胸に抱くようにしてハグした。それを彼は受け入れた。柔和な表情を浮かべた彼の胸に手を当て、背後に回って肩に触れた。

いくつも映像を見てきたはずなのに、この記録を見て改めてショックを受けた。男性が見せる笑顔はギフトであり、それを受け入れている感動的なシーンではある。何に驚いたかと言えば、ここで起きた親密さは非常に個人的な関係性であり、特別な感情だったからだ。医療の現場にはそぐわない光景を見たから驚愕した、というよりも人間的な振る舞いに満ち満ちていることに眩しさを覚えた。と同時に、そうはなれない自分に気づいて、イヴさんの示す親密さを拒絶したくなった。

イヴさんに感想を伝えると、「個人的な関係性がなぜショックなの？」と言い、こう続けた。

「人間は距離感のある関係なんか求めていません。感情をもとに動いているのだから。私の行為に対して、彼は何かそれで不快感を覚えたでしょうか。そうではないから頭を私にもたせかけてくれるというギフトをくれました」

感情を入れず、距離を置いて接するとき、非個人化、非人間化が始まる。つまり物として人間を捉えて扱う。しかし、ユマニチュードはあなたを大切な個人として扱う。

「彼の頭を腕に抱きました。介護の現場において、これだと個人を、プライバシーを尊重していないと言う人もいます。でも、ケアにおいては、清拭でいきなり陰部を触ったり、摘便《てきべん》でお尻の穴に指を入れたりします。それはやってもいいのに、その人の手をとっただけで、『それはやっちゃダメだ』と言われる。プライバシーを害していると言われる。だけど、ケアは親密でないとできない。看護といって相手を裸にすることに比べたら友人として扱うことは、もっとも非暴力的なやり方です」

イヴさんはとても常識的なことを言っていた。それでも相手のプライバシーに踏み込み過ぎていると言われる。

「みんなにそういう習慣がないから。見たことがないからです。私のケアは『一緒にやろうよ。大変なんだろう？　助けるよ。友達だから』というものです」

話を聞きながら、イヴさんの親密さを拒否したくなった自分について振り返った。私は相手に身を委ねることが苦手、というより正しくは恐怖を抱いているのだと思った。私を尊重する触れ方であっても、極めて個人的な事情からそれを受け入れないのだとしたら、もしかしたら自分を尊重していないのかもしれないのではないか。その日のインタビューを終えた帰り道そのことが重くのしかかってきた。

けれども時間が経つにつれて、自分の抱えている問題についてのアプローチが以前とは違ってきたことに気づいた。

たとえば「私はなぜ相手に自分を委ねられないのだろう」という問いを持ちつつ反省に臨むとする。その際、心の中では「なぜそんなことしかできないのだ」と詰問の口調で自分を追及している。それが私の慣れたやり方だった。

これだと落ち込んでいる自分の肩を荒々しく揺さぶるのと同じだ。優しく触れるのとは程遠い。私はもう少しユマニチュード（人間らしさ）に満ちた態度を自分に取りたい。自分に対して尊厳あるものとして接したい。だから、自分に善悪正誤の判断を下さず、ただ起きている事実を口にした。

「身を固くしたことが起きてしまったのだから、それはそれとして認めればいい。今はそれしかできないのだから」。そうやって自分に語りかけるとき、そっと肩や背に手を置くことに等しいのではないかと思った。

決して甘やかすわけではない。ただ、私が私に対して良き扱い（ビアントレタンス）を行うだけだ。そのことで私は尊厳を得ることができる。今の自分とは異なる姿へ変わろうという力が湧いてくる。私が自身を「良きもの」として扱うという決定は、私の一存にかかっている。許可を与えるのは私しかいない。この決意は、恐怖を捨て去る一歩になるはずだ。

経験したことがないものを人は怖れる。だとしたら、私はこれまで身につけた、触れられたら緊張するという習慣を失うことを怖れているのかもしれない。喪失の怖れから相手を拒むということは、裏を返せば拒絶することで何かを得ていたはずだ。それが何かははっきりとわからない。

けれども、ひとつ明らかなのは変化を怖れていることだ。だが、それも否定しない。新しいことを怖れるのは本能のなせる業だ。そこに良いも悪いもない。

ただし、人間は安定性を望むと同時に好奇心、つまり不安定さを得ることに自由を見出す生き物でもある。だからこそ怖れからくるドキドキと未知へのワクワクは、身体としては胸の高まりという現象として同じでふたつは区別がつきにくい。どちらを選ぶかによって怖れか期待かの解釈は変わる。

選択次第なのであれば、恐怖であれ不安であれ、それが私のすべて、私そのものではないということになる。私は恐怖と不安に飲み込まれるような存在ではない。私の存在の尊厳はそれよりも大きい。

なぜなら私たちは生まれた瞬間から、いやそれ以前から常に変化し続けてきたし、これからも変化し続けている存在だからだ。今ここの瞬間に覚えた恐怖は嘘ではない。だが、それだけが私のすべてではないのだ。

言葉を通じて自分に触れる。良き扱いがどのように変化していくか。その行く末はわからない。けれども予期せぬことが訪れることは確かなのではないか。

適切な距離感はない

「愛情を表現してはいけない、距離感を持ちなさい、というのは怖れから来ているんです。私は距離を保つ必要はないと教えるんです」

イヴさんがケアの際の親密さについてそう話したとき、「親密さは適切な距離感を失わせるという危惧についてどう思うか？」と尋ねた。するとイヴさんはすかさず答えた。

「適切な距離感などない」

「それは感情はネガティブだという前提のもとに言われていることでしょう。認知症高齢者の人たちはケアのプロに囲まれて過ごします。たいていのプロは『ケアには愛は不要だし、表現してはいけないものだ。距離感を保ちなさい』と教育されています。ケアされる人たちにとっては、ひどくつらいことです。愛を必要としているのに与えてもらえないからです」

プロから〝適切な〟ケアは受けられても、たったひとつ〝愛〟だけは得られない。そうして死んでいくとしたら悲しいことではないか？　と彼は続け、そして再びこう言った。

「適切な距離感などない。近づくことしかできないのです。でも、近づいても大丈夫。なぜなら私はあなたではなく、あなたは私ではない。怖れを捨てることです」

ここに人と人との関わりだとかコミュニケーションだとか、それをなんと呼んでもいいが、生きていく上での私たちのあいだで起きることの根幹が示されている。実はケアは、医療や福祉に限らず、私たちが生きる上で欠かせないことなのではないか。

「近づく」とは個人的な愛情を示し、親密な関係になるということだ。特別な感情を持てば、贔屓も生まれるだろうし、誰に対しても公平なケアでなくなるのではないか。その上、個人的な感情を持っていた相手が亡くなった場合に燃え尽き症候群になるかもしれず危険ではないか。

ユマニチュードにおいては「私はあなたではなく、あなたは私ではない」を「哲学的な距離」と呼ぶ。それがあれば、「あなたが大事なのだ」という思いとその実践とは、私とあなたを決して混同しない上に築かれることになる。であれば、気に入った人だけを念入りに扱うことにはならない。その手の執着は私とあなたを同一視してしまうから起きる。それはそもそもプロの発想ではない。プロは自分がケアに関わるすべての人に対して愛情を示す。つまり誰に対しても平等に接する。

では、特定の相手が亡くなれば傷つくのではないか、燃え尽き症候群をもたらすのではないかという怖れについてはどうだろう。プロとしてベストを尽くした。またケアを受ける人も人間として敬意を払われた上での死を迎えたのであれば、その人はその人の死を全うできた。

その死は私の死ではない。私の死ではないところにその人の尊厳が宿る。だから自分がケアしていた人が亡くなって、その死を悼むのではなく傷つくとしたら、もしかしたら「私がコントロールできたかもしれない」という思いが潜んでいたのかもしれない。そこに他者への真の敬意はあるだろうか。

■存在を懸けたNOの表明

「近づくことしかできない」という言葉を聞いて、目の覚める思いをした。近づくこと、親密になることが感情の癒着をもたらすという疑いを私は持っている。

親密になると相手への期待を当たり前に感じるようになる。それが裏切られると傷つく。私の期待に応えて当然だという取引を相手に求めることは、ひとりよがりだとはわかっている。でも見返りを求める自分がいる。そこに浅ましさを感じると「最初から期待なんかしない方がいいのだ」という予防線を張るようになる。それは諦めというよりは怖れでしかなく、必然的に相手を受け入れないという態度になってしまう。

「近づくことしかできない」は「哲学的な距離」があって成り立つ。ふたつがもたらすのは、すれ違いだ。どれほど近づこうがきつく抱きしめようが、ふたりの人間はひとつにはなれない。なぜなら私はあなたではないからだ。

近づいて触れ合った後はすれ違うしかない。私たちは、それを寂しさと呼びがちだが、この近さと遠さにこそ尊厳があるのではないか。

私はあなたではない。これは存在を賭けたNOの表明でもある。私が私を肯定するとき、それは他者の否定でもある。なぜなら、「今ここの場」に存在するのは私という一者であり、二者は並び立たない。私の立っているこの場にあなたは立つことはできない。お互いがそうなのだ。そこに私の尊厳があり、だからこそ相手を尊重する場が生まれる。

ユマニチュードは、その技法の柱に「見る・話す・触れる・立つ」を据えている。「立つ」とは、実際にその人の足で立ってもらうよう促す。以前のようにではなく、今のこの瞬間にその人ができる全力で立ってもらう。

いわゆる健全な人の基準で捉えれば、弱々しい立ち方かもしれない。足元がおぼつかない不安定さから転倒のおそれがあると見てとり、立たせることは無理だと判断するとき、その人から力を奪うことになっているかもしれない。

不安定とは、その人にとっては存在を懸けた、立つことに向けた試みが今なされていることを意味していないか。再び自分の足で立つという体験がもたらす身体感覚は、「今この場」に存在するのはほかならない自分であり、あなたではないということだ。自身の肯定と他者の否定が同時に存在し、それが尊厳を身体に感覚させるのではないか。これこそが「存在を懸けたNOの表明」だ。

この島の文化においてはNOと言うことは空気を、秩序を、人間関係を乱すとみなされている。それらを慮ってYESと言うことは隷従を、嘘を吐くことを意味する。イヴさんはこう話す。

「あなたが嘘を言えば、私があなたを知ることは一生ありません。それが儀礼的なものであれ、優しさからであれ、あなたを知ることができなくなります。それでは、あなたを認めることができません。あなたの中にある何か特別なものを知ることができません。それを愛することも、あなたを尊重することもできないのです。

尊重とは、私と同じ考えにあなたがなることによって生まれるのではありません。あなたを尊重するのは、あなたがみんなの意見に同調するからではありません。みんなと同じ考えを持つのであれば、私はあなたを選ぶことはありません。私の意見にあなたが同調するのを待つというのは、あなたを尊重することではありません」

■あなたの話をあなたの話として聞く

イヴさんとの対話で痛感したのは、私たちは自らの力を信じるより、抑制に投資しているということだ。私が私であることを認めない。自分が何かをなし得ないと思い込み、それを確認したとき「ほら、やっぱり」と断念と共に安堵する。けれども、そのことによって虚しさを味わい続けている。そうして人生は空転し続ける。

あなたがあなたとして存在していることを認める。ここにノウハウの登場する余地は本当はないはずだ。どのようにすれば認められるのか、ではない。ただ認める。それしかできないのだ。彼の話を聞く中で、私の発想も次第に変わり始めた。

インタビューの最中、老人の性の問題に話題が及んだ。90歳を超えた認知症の女性が病室でマスターベーションをするのだが、瓶などの異物を挿入して危険なことが多い。仕方なく看護師は両手を拘束したのだという。これについてイヴさんは私に尋ねた。

「どうすればいいでしょう?」

「セックストイを買って渡したらいいと思います」

考えるまでもなくそう答えたら、彼は「トレビアン!」と言った。ケアにあたっていたユマニチュードのスタッフは実際にそのようにした。その女性はとても喜んだという。そしてトイのコードの先を見て、「ところで男はどこに付いているんだい」と言って笑わせたという。

老人の性と聞くと「みっともない」とか見たくないとかさまざまなジャッジが働くだろう。けれども現にその人がそういうことを欲しているのなら、偏見なく何がその人にとって良いことなのかを観る必要があるだろう。

「あなたを尊重する」ということは、私にとっての「ＮＯ」を受け入れることになる。それはそれとして認めることがＹＥＳになる。後退して全面的に受け入れることがＹＥＳなのではない。それは服属でしかない。ＮＯという存在をそれとして受け入れることがＹＥＳなのだ。

ＮＯとＹＥＳをめぐる考察は、イヴさんが今話せることを言い尽くそうという思いを伴った息遣いに耳を傾け、尋ねる中で行われた。問答という言葉の往復が私に変化をもたらした。聞くとは知ることであり、それは自身の変容をもたらすものなのだ。

普段のインタビューの仕事で聞く話においては、プライベートであれば首肯しがたい内容もある。けれどもユマニチュードのいう「哲学的な距離」があれば、私の信条や価値観からすれば受け入れられない話も、その人の話として聞くことができる。これは共感なくして理解があり得ないと捉えていてはできないことだ。

戦争や犯罪、虐待の話。どれも共感では太刀打ちできない。そのときに「それはおかしい」「ひどい」「人間とは思えない」と非難にすぐさま傾くのであれば、それまで自分が培ってきた人間像の幅の狭さを疑うべきなのだ。

相手の言っている意味を知れば理解につながる訳ではない。言わんとしていることをわかろうとする。聞くとは、常に「わかろうとする」という手探りなのだ。わからなさをわかろうとすることしかできない。「わからなさ」こそ私に突きつけられたNOである。それに怖れることなく身を開く。

■「汝自身を知れ」という古からの言葉が示すもの

「あなたが私に対して『いいえ』と言う権利を持っていると私が知らなければ、あなたの言葉を信じることはできないでしょう。あなたが私に『いいえ』と言えるのは、私を信頼しているからです。強制された『YES』が恐怖から生まれるとしたら、尊重の『NO』は自由から生まれます」

イヴさんはYESにはふたつあると言う。「従うためのYESと本当のYES」。

「私を作ったベースの言葉のひとつはNOです。これがあるからこそ、私は強者に従うためではないYESを言うことができるのです。このときの私のYESには価値があります。それは選んでYESと言っているからです。真実のYESです。怖れを捨てて選択する。

それは人生を、人を愛すればこそ可能なことかもしれません。私の人生は愛を探し、表現しようとしています。私の人生の生きていることを大きく肯定するためのYESと愛。これは私の人生の道行きであり、ユマニチュードの道でもあるのです」

私は彼のような愛についての考察と実践を生きているわけではない。「NOと言うことから人間の自由は始まる」はフランスならではの発想に思えた。あまりにこの島の文化と違いすぎて、だからこそこの地の風土を理解する指針になり得ると感じた。

そう思うと、イヴさんをはじめフランス人にとって「社会」というのは、私たちのそれと違い、いたずらに概念で終始するのではないかもしれない。もっと生々しく動的なもので、だから「NO」と言うことが社会を前に進ませる動きの発火点になるのだと捉えられるようになった。

現状肯定に甘んじない個人が世を動かしていき、その中で私とあなたが生きられる空間を調整していくというソサイエティの側面が「社会」という訳語からはすっぽり抜けている。

多様性であるとか社会的包摂だとか、この社会に膨らみをもたらす試みがあるけれど、すべては私たちが尊厳をもって生きることに始まるのではないか。

「ケアには適当な距離感などない。近づくことしかできない」と彼は強調していた。そこには日本における距離感や空気が言うところの「あいだ」とは異なる認識がある。空気を読むことに長けた文化においては、近づくことは知らず一体化を意味してしまう。自他がひとつになる。自分がなくなり、放下することに美しさを見出す。それが文化の表にあるとしたら、裏には他者を自分とは別の存在として認め難いという怖れが控えているのではないか。私とあなたがいる。あなたは私とは異なる。

異なるものとは他者である。他者を通じて私たちは自分が何者かを知る。「知るということを愛する」をフィロソフィという。哲学的な距離とは、私が何者かを知るところにあるのではないか。

第 4 章

死を願う言葉を身体で聞く

初対面とは思えない出会い

２０１０年の年末、インタビューを行う場所として指定された、国立駅近くの喫茶店で坂口恭平さんを待っていた。彼は「建築物を建てない建築家」と名乗り、路上生活者がダンボールなどを利用してつくった家を「ゼロ円ハウス」と命名し、また彼らの暮らし方を山や海の幸《さち》ならぬ都市に溢れる幸《さち》（資源）を利用したものと見立て、この社会においてゼロ円で暮らせる道筋を描き出していた。

一見すると新手のトリックスターのように見えかねない振る舞い。けれども彼の文章を読んでいると、きっとそうではないだろうという手触りを感じ、取材を申し込んだ。

予定の時間を少し遅れてやって来た彼はコーラを注文すると、私の最初の質問に対して、まるで昨日会って話した内容の続きをするような口ぶりで話し始めた。むろん初対面だ。でもそれは馴れ馴れしい態度というのではなかった。質問にあたっての前口上として、私はこういうことを述べた。

人は何も持たずに生まれてきた。生きることは元手がゼロだ。坂口さんの言う「タダで生きることができる」という試みは、すでにある社会をハッキングする行為として捉えられがちかもしれない。けれども現実的に私たちは陽光も風も水も宇宙からタダで贈与されている。それが生きることの原点だ。

この前置きは、私がその日彼に会うまでの体験に基づき考えてきた一応の結論だ。彼にしてみれば、そこにつなげて話をしたまでだ。それが「まるで昨日会って話した内容の続きをするような」話しぶりになったのだろう。

■言葉を話せるようになって失ったもの

坂口さんの話を聞きながら懐かしい気持ちになった。言葉を話しながら、言葉ではないところでのやり取りが匂い立つのを感じたから。私の郷愁はいつも言葉にある。言葉の中にあるのではなく、言葉が立ち上がってくる前の景色に懐旧を感じる。

幼い頃は、誰しも「言葉を話す」ことと「言葉で話す」ことの違いに気づいていたはずだ。言葉で話すことは、まったく自然でも自明なことでもなかった。良いも悪いもなく、それが家庭であれ学校であれ、言葉でやり取りすることが当たり前だという教育をいったん受けてしまうと、「言葉を話す」ことと「言葉で話す」ことの隔たりを見失ってしまう。

私たちは滑らかに話せるようになると、胸の高鳴りや身のよじりといった身体の浮かべる表情を「期待」や「もどかしさ」という言葉にして表すことができるようになる。人に自分の気持ちや感覚をそうして伝えることができる。

けれども、こうした言語に置き換える業によって確実に失っていることがある。言葉にするとは、「胸が高鳴る」の喜びと不安まじりの抑え難い気持ちに息がしづらくなり、「身のよじり」というのたうちまわらざるを得ない痛みといった、言葉で言えてしまう以前の身体の状態と距離を置き、よそよそしくなれるからできることだ。

自身の身体のありようを「言葉で話す」ことができるようになると、コミュニケーションが上手にはかれるようになる。言語化にはそういう効能がある。

しかしながら直接体験している出来事が言葉に置き換えられるということは、わずかでもそこに時差が生じているということだ。

今まさに体験していることと言葉のズレ。その時間の遅れを言葉の巧みさに転換できるのが、人間の知恵であり技巧であるが、いつしかそれが自然であるかのように思われてしまっている。私がそういう言語観を持っているのは、吃音症の難発や場面緘黙《かんもく》症に近い時期が長く、うまく話せなかったせいもあるだろう。

坂口さんの口調にここまでのことを連想するのは、私の思い込みの強さに思えるかもしれない。でも実際は、「そう思い込む」というような重さや時間がかかるようなことではなく、指をパチンと弾くくらいの瞬間的に訪れて去っていくような軽さを伴う体験なのだ。

今どきの言語観からすれば、思い込みでないことの証明が必要になる。私が彼に「このような理解をしているのだが」と尋ねて、それが合っているかどうか確認するまでは信じるに値しないことではあるだろう。それが不思議でならない。

図らずも「やって来る」ことを体験できないだけでなく、訪れた理由をわざわざ尋ねなくてはいけないと思うのはなぜなのか。

目の前にいる人が身悶えしている。その悲しみや苦しみの理由を尋ね、納得のいく説明があって初めて理解できるわけではない。相手の身体がこちらに映ってしまう。理由はわからずとも苦しみがわかる。問答無用にわかってしまう。

水面に月が映るとき、水も月も相手を理解してそうなっているわけではない。関係が互いの姿を映すという現象をもたらしており、事実が先に生じてしまっている。言葉はその後に遅れてやって来る。

人もまたそうで、本当は水と月のようにあらかじめつながっているのにそれが信じられないから、私たちは言葉で確認しようとする。確認するからかえって分断が明らかになり、そうした上で改めて関係を作ろうとコミュニケーションを取る。そうなると阿吽の呼吸であるとか目と目で通じ合うとか直観に基づいたやり取りは信頼ならないものとしてしか理解されなくなる。

言葉は頼りないものだと言いたいのではなく、言葉の使いどころを知らなければ、本領を発揮できないということだ。

■社会実現と自己実現の違い

インタビューが進み、路上生活者に話題が及んだ。

「彼らは都市において唯一自力で家や仕事、生活を発明し、作り出していた。普通に都市で暮らしている人たちが利用価値のないゴミとみなすものを自然素材のように扱っていたし、彼らはまるで鳥が小枝で巣を作るように暮らしていた」と彼が言うとき、社会の落伍者とみなしている視線が、肉眼の表面に映った画像だけに頼ったもので、目を開いているつもりでも眼の奥からは決して観ていないことがわかる。

彼が大学生の頃、建築学科のクラスメイトに「本来は所有できないものが誰かに管理されていて、それを使うため、買うために働き続けないといけない暮らしは、ちょっとおかしいのではないか？」と言ったところ、「ふざけるな」といった反応が起きた。そんなことを考え始めたら、現行の建築という仕事でお金を稼いで暮らしていくという道筋に意味がなくなるからだ。つまりは本質的なことを考えることの拒否だ。だが、憤ったはずのかつての知人が坂口さんの話を聞きに来るようになったという。

「でも、それは『建築家として名前を売る』というような自己実現レベルの話を期待してのことで、それは教えられるけれど、まるで意味のないこととしか思えない。どちらかと言えば、今は社会実現に向かっています」

私はすかさず「自己実現と社会実現の違いは何か？」と尋ねると、彼は間髪を容れずこう返した。

「決定的な違いはない。違いがないことに気づくことが大事」

そう言った直後に彼は「いいね。おもしろいね、質問が」と言った。問い自体は単純なことだから、「質問が」というよりは、そのときの互いの速度が良かったのだろうと思う。いたずらに速いからいいのではなく、その速度のやり取りができるということは、理解できていることがあるからこその速さだという含みがあるようにそのとき感じた。

自己と社会は違うが、そこに「違いがない」としたら、同じ「違い」という言葉を使いながら異なることを伝えようとする試みがそこで行われていることになる。違いはいつも「違い」という意味に回収されるのではなく、違いという言葉を用いながら、それではない何かを伝えようとする。そこに坂口さんの「違い」という言葉の隙間に身を入れて向こう側にすり抜けようとするような身振りを感じた。向こう側とは、肉眼で捉えている次元の現実とは異なる現実だ。

■多層化している社会

彼には小学生のとき「建築家になりたい」と思った体験があった。学習机に毛布をかぶせて屋根にし、その下に住むという巣作りのおもしろさに目覚め、建築家になろうと決めた。この行為は自己実現のためではない、ある種の社会性があると気づいた。

「子供の頃、誰しも秘密基地を作ったりしていましたよね。大人からすればどうということのない路地や店の裏が自分だけの空間に見えていた。子供であることはどこかで不安だから、どうにかして自分だけのシェルターを作らないと生きていけない。

子供は何もない運動場に線を描いたりして夢中になって遊ぶ。そうやって空間を作り出したのは、ある種の生きていくことの危うさを本能的に感じていたからだと思います。

そういう怖さをどう回避していくかを小さい頃から考えていた。だから建築家を目指したんじゃないかと思います。

でも、周りを見渡したとき、建物はもう充分過ぎるほどあるから、『建てない建築家にならなければいけない』と考えた。そうなると根源的な意味での住まうこととは何かを問い始めることになり、必然的に家や生活、仕事とは何かを考えざるを得ません。つまりは『ただ生きるとは何か』について見出し、伝える必要があると思った。これはまさに社会活動だと気づき直した」

ただ生きるというひたすらさと宇宙からタダで贈与された資源をもとに生きることが重なるとき、自己と社会が重なる。彼はおそらくスマートフォンを見るときのような、まるで運動を忘れてスクロールしかしなくなった、固定した肉眼ではなくちゃんと眼で世界を観ている。現実というものが平面ではなく、幾つもの層に分かれており、この現実の景色を作り出していることを観ている。

取材の終盤に差し掛かり、ホームセンターで買える資材で作り上げたモバイルハウスに及んだ。鴨長明の方丈庵よりも狭く小さい、シェルターだ。これは「家を持たないといけない」という幻想をぶっ飛ばす試みのひとつであり、車輪付きであるが故に不動産ではなく動産のモバイルハウスは、コンクリートの基礎もいらないし、「軽過ぎるから震度8でも壊れない」と説明した。

さらに「ホームレスを落伍者と言う人たちは、震災が起きて今までの暮らしが成り立たなくなったとき自活できるのか。自身が死にそうになったとき、誰かが助けてくれるのか。そうではないからこんなにも自殺が多いのでしょう？　年間3万人が死んでいる社会が間違っていないなら、それをまず立証してほしい」と述べた。いずれも東日本大震災の起きる3ヶ月前の話だ。

取材を終えると用事があるからと新宿行きの快速に一緒に乗った。車中、どういう成り行きかは忘れたが、彼は「もうこうなったらさ政治家に、総理大臣にでもなるしかないでしょ」と言った。傍若無人ではないが、私との会話にとどめておくには少し大きい声。それは宣言が漂わせる響きに近かった。

そう言われて、選挙に出て議員になるという王道しか思い当たらなかったため、その凡庸な道筋と彼の考えや行いとをうまく結びつけることができず、少しばかり受け取り損ねた。けれども「法螺《ほら》を吹いている」と片付けられない迫真があって、だから私は「そうなんですね」と額面通り受け取ったり「そんなことができるわけない」と拒絶するでもない、何も色をつけずにおける私の中の真空な場所に彼の話をしまった。

■新政府樹立と自殺者ゼロの公約

2011年3月11日、東日本大震災が発生。福島第一原発のメルトダウンが起きた。坂口さんは直後、実家の熊本へ避難した。その間、当時の政府の無為無策ぶりを見てとるや、ツイッターを通じて「新政府」を立ち上げることを宣言。初代総理大臣を名乗った。日が経ってから彼は自身が双極性障害であると明らかにした。躁状態が巻き起こす疾風の勢いのエンターテインメントに結実した力が、パフォーマンスでありアートワークとしての新政府を構想、樹立させたように見える。だから風が止めば、それは妄想と呼ばれるもので、言動のすべては症状の現れでしかない。そのように理解するのは、この肉眼いっぱいに収まっている現実を現実のすべてとする穏当な常識からすれば正しい。

けれども彼の発する言葉の熱に沸いた人たちのすべては、風が凪いだ後、「ただ熱に浮かされていただけなのだ」と我に返ってまた見知った現実に戻ったのだろうか。

政府の閣僚は原発が爆発し、人類が経験したことのない惨事を前にしても「ただちに健康への影響はない」と断言した。そう言えてしまう現実がどれだけ信頼あるものとしてあのとき感じられただろう。

新政府は妄想かもしれない。あり得たかもしれない空間をSNSを通じ集団が夢想したのだから。だが強度のある妄想はときに別の新たな現実を構成する。

彼が新政府構想と並んで開始した、いのちの電話ならぬ「いのっちの電話」がある。自身の携帯電話の番号を公開し、基本的に24時間対応してくれる。「いのっちの電話」と促音にしたのは、いのちの電話の名称を使っては権利侵害にあたると警告されたからだという。いのちの電話にかけてもなかなかつながらない一方、彼に電話すれば、その場で対応できなくても折り返してくれる。それもこれも自殺者ゼロを目指すためだ。

自殺者をゼロにするのは妄想だろうか。この眼前の現実に苦しんで死ぬ場合、それは厳密に自殺と言えるだろうか。社会に殺されているとすれば、それを放置している方が頑なにそんなことはあり得ないはずだという夢想を信じていることになるだろう。

第 4 章

死を願う言葉を身体で聞く

死にたい人からの電話

あれから12年経った2022年盛夏、熊本を訪れた。坂口さんは日々、ツイッターで自動書記のように言葉を紡いでいる。その合間に自殺する気持ちに駆られた人たちの電話を無償で受けている。「いのっちの電話」を開設以来、電話を受けた数は3万人は超えているはずだ。年間の自殺者がその前後を推移していると思えば、3万という数の重みを感じる。

ツイッターを眺めていると、世相を彩る言葉もSNSのタイムラインに近しくなっていることに気づく。言葉は流れていくが、その流れていった先を多くが気にもとめないのは、言葉にさほど重きを置かなくなっているからだろう。

ただ不思議なことに坂口さんの言葉は吹いていった風のような、去っていったが頰を撫でたことは確かだったと、そのことだけは覚えていられるような手触りがある。

彼の言葉は死にたくなっても当然のこんな世の中で、生きることの喜びとかではなく、ただ生きることの熱を感じさせる。熱源に「確かに触れた」という記憶があるかどうかは、それがたとえバーチャルなSNSでの出来事であってもとても大事な瞬間の訪れだ。というより、私たちは「確かにそれを覚えている」というほどの強度のある言葉との触れ合いを現実においてできなくなっている。

なおさら彼が言葉を聞くこと、話すことについて、どう考えているか知りたかった。そのように取材の意図を伝えた。でも私の内心は、それらについての考えを聞きたいのではなく、彼が「聞くこと話すこと」について、どう聞き話すのかをただ間近に体感したいところにあった。それが彼の言語への接し方を窺い知ることになると思った。

言葉のあり方について言えば、SNSを通じて流布された、見ず知らずの言葉が世の中を震撼させたり、ときに政治の動向を左右したりする光景を何度も目にした。

一般人の言葉が侮れない力を持つようになったとも言えるし、考えるよりも先に発火してしまう、揮発性の高い言葉に人々がおもねるようになったとも言える。本当のことを述べられるツール。本当のことを明らかにできると、誰しも根拠もなく思っている節がある。強力な催眠効果があるということを忘れている。

私たちがはまり込んでいる眠りとは、「ファクトではなくフェイクだ」と唱えれば醒めるような単純なものではない。この現実とされるタイムラインを生きている私たちがせっせとこしらえて生まれる現実感と、そこで使われる言葉を分けることが難しいくらい癒着してしまっているからだ。

たとえば「生きづらい」という吐露が自分の内側から出てきてはいるが、それを言うことが他人との共感を深めるための手立てになってしまい、あたかも共通言語になっている。生きづらさが誰かとのつながりに向けた言葉だとしたら、ほかならない私のつらさはどこへ行ってしまったのか。

■死を見据えるところから始まるのが人生

歪んだ世界にふさわしい歪んだ言葉があり、そこでは言葉を正すことにも歪みが加わってしまう。だから思想めいた思想や政治めいた政治の言葉が次々と現れて、その過ちを指摘しても、異議そのものが意味を持たなくなっている。責任は「責任感をもって事に当たる」という決意めいた言葉に置き換えられてただ放置される。もはや責任放棄ともそれは呼ばれなくなっている。

社会を領導する立場にいる、とされる人たちの言葉はとても象徴的だ。話しながら編集を加え、時系列をバラバラにし、あなたと私がひとりの人間として出会うことを阻む。「誤解を与えたのなら申し訳ない」、といったように、全身で悪意を体現するほどの気迫もなく、ただ言葉はタイムラインを流れていくように吐かれるだけで、その事実が謝罪に見間違われるようになっている。

言葉は情報の伝達か指示か。あらかじめ用途が決まっているかのような扱いを受けている。スマートフォンやパソコンのモニターを通じて、言葉を目にする機会が多くを占めるようになっている。だからなのか。私たちの用いる言葉は、モニターに映えるように加工され、とても滑らかに平板さをたたえている。のっぺりとした字面が奏でるのは、せいぜいが劣情と感動のあいだを行き来することで私たちの感情を揺さぶるものでしかない。

遠くの出来事を我が事のように捉えるのは、想像のなせる業で、私たちには時空の隔たりをものともしない力がある。と同時に遠くの出来事だから「うつくしく怒る」こともでき、そして近くの出来事に黙り込む。

遠くの出来事をそれにふさわしい距離感で扱うことに不慣れになっている。迂闊な想像を断ち切ることで、何が本当に私たち自身として大事なことなのかがわかってくるのだが、何もかもとつながれてしまう世の中では、断線は直ちに孤絶を意味してしまい、それを寂しさだと捉える感性になり始めている。

誰かの死は他人事で私の死は自分事ではある。死は距離感の狂った現状において、かろうじて現実の目測を正してくれる糸口になるかもしれない。坂口さんは自殺したい気持ちを抱えた人たちの電話を日々受けている。
熊本に滞在中、私は近くでそのやり取りを何度か聞いた。彼のメッセージは「死ぬな」ではなく、「死ぬまで生きてみたらどうか」というものに私には聞こえた。死を忌避するのではなく、死を見据えるところから始まるのが人生なのに、それもせずに自殺してどうするというように聞こえた。死と自殺とが必ずしも重ならない。

「基本的に生き死にの問題から死にたくなっている人はほとんどいない。『死にたい』と言って電話をかけてきた人に『あなた死なないよ』って言ったら、みんな怒るんだよね。〃みんな〃というと、それぞれの人を見てないみたいに思うかもしれない。だから『みんなじゃない』と言う人もいるけれど、やっぱり何かしら総括はあるよ。ある程度の全体的な傾向はあるし。もちろんそこは大雑把ではあるんだけど、ある程度大雑把に見ていく必要もあるからね。『私のきつい話を聞いてよ』と、聞いてもらってないことだけに執着してたら本人が大変だ」

死にたいくらいの自分の気持ちをわかってほしいという期待に応えるのが、まずはその人への寄り添いであり心のケアだという定石があるとしたら、坂口さんはそこから外れている。彼のもとに電話をしてくる人の中には重度の統合失調症を患う人もいる。深刻な内容が想像される。それでも死にたい人たちの現状をこう述べる。

「全員ただの初心者だと思うことは多い。死にたい理由は人生のルーキーだからこそで、そこの訓練をしていないという話なんじゃないか」

■意識ではなく身体を変える

死にたい人は「死にたいくらいの気持ち」を抱えてはいるが、それは深刻に見えても死の淵に立ってのことではなく、訓練が足りないからだという。「自分には何もできない」という前提をまるで疑わないのが訓練不足の証なのだという。

「何もできないとあなたが認識しているのなら、何かできるようになりたいと思っているわけでしょ。そしたら毎日何かを励んでないといけないことになるけれど、何に励んでいるんだ？　と聞いても励んでない。『私はなんで何事も励むことができないんだ、と落ち込むことによって励むことができないんです』と言う。そうなると、そういうのは死にたいとかじゃなくて、やっぱり訓練不足。そんなのも全部一緒くたになって精神科に行っているとしたら、それを薬で治すのは無理な話だ」

この「できる」「励む」に反発する人もいるだろう。社会の中で散々その言葉に傷つけられてきたのに、「できるようになれ」と言われるのは、さらにつらい。その観点からすれば、坂口さんの言動には繊細さが足りないと感じるだろう。相手の話を最後までちゃんと聞いていないと思うだろう。

そばで聞いてわかるのは、彼は相手の言っていることや汲んでほしい意味に反応していない。相手の言いかけた言葉に被せるように質問したり、話したりすることもある。ショートカットしているように思えて、よくよく聞くと時間を圧縮している。ひたすら相手の「今」の話をさせようとしている。

多くの人はコミュニケーションにおいて、感情のまとわりついた話に応える態度が丁寧に聞くことであり、話すことだと錯覚している。「あのときああすればよかった」や「もしそうであったのなら」と過去や想定された未来を行き来する話でしかなく、現在がすっぽり抜けている。そうして自分を取り巻く状況を見て、絶望してしまう。

それは現実を見ることなのか。それでは肉眼で捉えられる範囲の現実につなぎ止めることにしか至らない。いつも通りの決まった絶望を世界に見出す。いわば昨日と同じ自分でい続ける努力をしながら変化を望むのは倒錯ではないか。それを彼は訓練不足と呼んでいる気がする。

やってみる前から不安になり、やってはいてもちゃんとできているか不安になり、やった後も結果が出ていないと不安になる。繊細だから不安になるのではなく、不安に対する繊細な観察が足りない。

こうした私の言動にも繊細さが足りないと感じる人もいるだろう。では、その感性のままでいれば、現に自身がつらさを感じているこの現実は変わるだろうか。

私たちの外にある現実が変わりようがないのは、変えることができないからだ。変えることができるのは、自身の在り方しかない。これは「意識を変える」でもない。強いて言うなら身体を変えるしかない。そのためにこそ耳を澄まさないといけない。

■身体を使うということと修行

坂口さんは「自分には何もできない」と言ってしまえるのは、「できることがないから」でもなく、自己肯定感が低いからでもなく、ただ「足腰が弱いから」と表した。加えて訓練についても一律な方法があるわけではなく、人それぞれ違いがあり、その人なりの「身体の使い方がある」と述べた。

できないことで傷ついてきた人は、ある意味で「できないこと」にこだわる。身体の使い方とは、できないことをできるようにする訓練に励むように言っているのではない。できるとできないのあいだには、ただ行為がある。つまり、できるとかできないとかではなく、ただやればいい。

身体を使うとは、ただ行うということだ。

「私はこういう修行をしていて、あなたはこういう修行が足りないって言っているわけじゃない。その人の方法の中で修行があるはずだから。しかもみんなは修行を大変だと思っているけれど、俺の中では修行というと楽しいんだよ。やってみたいことをもうちょっとやってみるってことだから」

私たちは苦痛に対する大きな誤解をしているのかもしれない。楽しいことは楽なわけではない。苦を通じてしか至れない楽しさもあるのだが、提供された娯楽や快楽に時間を費やすことを当たり前にした体感からは、苦しさは避けるべきものとしか見えない。それは自身の身体に起きている現象を拙い言葉に置き換えているだけで、身体の声を、訴えを聞いていないのではないか。

彼がこの10年以上のあいだで、万単位の死にたい願望の人たちと話をして身につけた構えは、「人間は総括するけど、社会は総括しない」ことだ。通常は逆だ。人間を総括しては、個人を無視することになるからだ。

だが彼が言う総括は、人間を全体として見ることで、全体化できないその人の「ならでは」を見つけることだ。その人が楽しいと励みたくなるような出来事と言い換えてもいい。

「身体を使うってどういうことかというと、アイデア任せだと一点突破でしかいけないわけよね。でも身体を使ったら全体が１００としたら、60が苦痛でもそのうちの20くらいは、そこに喜びを感じているから、60の苦痛はソッコー消える。そうしていくと20の喜びを使いながら、なんにも動いてないところをちょっと動かしてみる。苦痛をもとに見ていたら気が遠くなるけど、喜びから見ると、『こうやってできるじゃん』みたいなふうに動いていく。自分の中のその人に合わせて、瞬時に判断できるかっていう修行を俺は楽しくやっているつもり」

苦しみや喜びなど強烈な感覚が襲うとき、私たちはそれが自分自身だと思ってしまう。けれども、それはいつも私の切片なのだ。刺激に対する耐性のなさは修行のイメージをも貧困にさせている。

「きつくても結局はおもしろいじゃんってのがあると思う。汗はかくし大変ではある。でも、その後に気持ちいいというかね。おもしろい。確実にその後すっごい伸びるわけだから。でも、その後にすっごく伸びるという確信があんまりない人が多い。変化の後に喜びがあるのもわからないから。結構な喜びだと思っているんだけど」

喜びがわからないのは、なぜかといえばその人に合ってないことをしているからだ。つまり身体に合わないことをしている。それを努力と呼ぶ習慣に私たちは馴れてしまっている。

第 4 章

死を願う言葉を身体で聞く

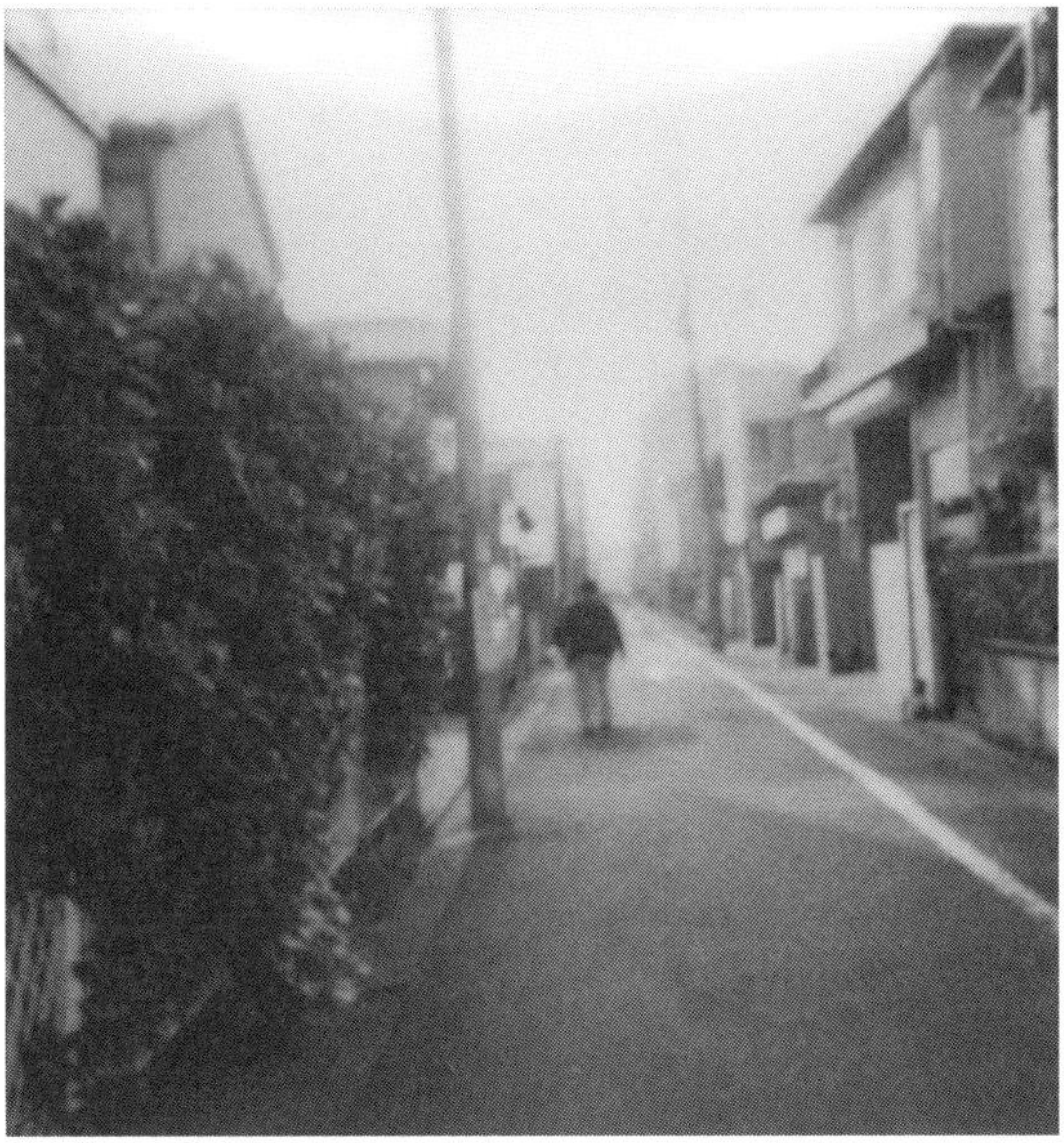

呪いと祝い

言葉は呪いなのだとつくづく思う。「自分は何もできない」と誰に命じられたのかもわからない文言を唱え続け、それを一心不乱に聞いてしまうのだから。まさに呪いの力と言える。ところで呪いにはいわゆる呪詛の他に「願う・予期する・そうなるように期待する」といった意味もある。呪いと祝いは背中合わせだ。

私たちは呪いの半面の力しか用いていない。祝いを信じていない。そうなってしまうのは、言葉に対して意味という確定した事実のみを求める、それへの執着が抜き難くあるせいなのかもしれない。

呪詛は過去へのこだわりがあってのことだ。「あのときのあいつの言動が許せない」だとか既成事実だけに目を向けている。祝いの「願う・予期する・そうなるように期待する」には、そうした重さがない。「どうなるかわからないけど、そうであればいいな」といった軽さがないと、祝福の明るさは生まれないだろう。

高度情報化社会とは、既に公開された事実である概念や情報にさらされ続けている毎日を送ることだ。エビデンスをやたらと重んじる風潮が示しているのは、言葉の意味を正しく理解し、伝えることが重要だというもので、それがコミュニケーションだと信じている。そのため意味の外に広がっている言葉のさざなみを顧みない。この本の1章で述べたように「ああ」という音を忘れてしまっている。

私は話を聞く際、ほとんど意味に注目していないと繰り返し述べている。坂口さんもこう言う。

「意味は聞いてなくて、その人の身体の使い方を見ている」

言葉は感じたことや思いが音として、思わず身体から出てきてしまったのであれば、その音が出てくる通り道がある。それが声になる。ところが感じたことや思いがあっても、「こんなことを言ったらどう思われるかわからない」といった他人や世の中を気にする考えが入ってくると、その通り道が曲がり、本人の中でズレが生じる。それは身体の捻れとして現れる。声に現れる場合もある。本意と違うことを言ったりするのをへそ曲がりというが言い得て妙だ。

「その身体の使い方だと、『ここで無理がきませんか？』というのはある程度、その人の身体の使い方をわざと真似して、その思考回路でやるとわかる」

■正解を求めることが話の聞けなさにつながっている

人の話を聞くにあたり、意味の理解に目を向けないとしたら、何に注目したらいいのか？　と思う人は多いだろう。坂口さんは相手の「身体の使い方」を真似るという。これを私なりの理解に照らして言えば、「相手の身体を自分に映す」になる。

そうなると今度は「身体に映すとは、どういう意味だろう。どのようにすればいいのか？」という問いが浮かぶだろうし、それを尋ねることがとても正当性があるように思うかもしれない。

でも、聞き慣れない表現に戸惑ったときに求めるべきは、戸惑いをちゃんと味わうことではないか。それもせずに正当性という正解に向かう道筋を選ぶ発想こそが、相手の話の聞けなさにつながっている気がする。では、このとき何を聞いていないのか。

「どのようにすればいいのか？」は謎についての純粋な問いというより、解決策に続く道に乗り出そうとしている。その早くわかりたい気持ちは好奇心からなのか。それとも確定した事実以外は不安に感じるからなのか。不安に任せて闇雲に正しさを求めて動いてしまうのは、これも訓練不足だからではないか。

「身体に映す」の情報や意味を求めるのではなく、「身体に映す」にただ取り組んでみたらきっとわかると思う。そうしたところで正解ややり方がわかるのではない。まず初めに理解されるのは、自分の抱える不安についてだ。

これまで受けた教育では、ともかく「他人の評価にかなうやり方でできるようになりなさい」と言われ続けてきた。そのせいで「どのようにすればいいのか？」は自分なりのやり方ではなく、他人から評価される正しい解決に逃げ込むことをたいていは意味している。そのせいで不安をちゃんと間近に見ることができない。

どうやって理解していいかわからずに呆然とするかもしれない。自分なりのやり方でやればいいと言われても、それが出鱈目かもしれないと思えば、足がすくむ。そういうときこそ他人が確定した既成事実や検索できる程度の情報ではなく、自らの過去に尋ねるべきだと思う。

幼い頃、私たちは箸の使い方やそれこそ言葉も「見よう見まね」で身につけてきたはずだ。わからないままにやっていた。やってみたいと思うままにやってみた。そうしたらできるようになった。私たちに必要な訓練とは、まずかつてを思い出すことではないか。「身体に映す」の入り口は「見よう見まね」だ。ただし、これはパントマイムではない。自分の感覚を通してただやってみるだけだ。

そうなるとわかってくるはずだ。「意味は聞いてない。その人の身体の使い方を見ている」とは、相手の言葉の通り道を自分の身体に映してみるのだということが。誰であれ身体として生きている。身体は生きてきた経験そのものであり、それが相手の話を映す資源になる。

■死の淵に立って観える景色

坂口さんは死にたい人からの電話に対しても「その都度その人たちの反応を見て、俺がその状態だったらどうするのかということで、どうすればいいか方法がわかる」と言う。彼も周期的に鬱になり、強い死への誘いに毎度さらされ、致死体験を味わっている。だからと言って、電話してきた人と同じ経験をしてはいない。でも、どうすればいいかがわかるのは、「ただ経験によって身体が培われているから」だ。

ここでいう経験とは、「身体が動くままにする。咄嗟にボールをとったり、転けそうになったときに受け身をとったりする。自転車に乗れるようになった」といった、個人的なものだ。「身体が動くまま」に死にたい人の話を聞くのは、ちょっと乱暴で独断過ぎではないかと思うかもしれない。

「死にたい」と電話をかけてきた人に「何か好きなことはないの？」と坂口さんは次々に尋ねる。基本的にスピーカーフォンで応答しているので、彼のふたりの子供たちも死にたい人たちの声を聞く経験をたくさんしている。坂口さんの口調に、最初は戸惑いを見せていた相手も「そう言えば」とポツポツと話し始めていた。どん底の気分でも、好きなことを話すのは嬉しい。この素朴な感情と出会ったせいか、電話をかけてきた人の声が少しずつ明るみを帯びる。その人の精一杯の足取りだ。

私はそれを聞きながら思う。死にたくなるのは、考えに囚われ身体が動かないからであれば、坂口さんのような「身体が動くまま」の受け答えは、相手に振動を与えるのではないか。

私とあなたは違うし、異なる経験をしてきたのだから、どれだけ話そうが言葉を尽くそうが理解はできない。でも、「わからない」という事実を表す言葉にだけ注目すると、それでも「どうすればわかることができるか」とにじり寄りはしても、「決してわかりはしない」の諦めに辿り着いて、そのあいだを行き来しては煩悶するしかなくなる。

そんなときこそ「祝い」に注目したい。「願う・予期する・そうなるように期待する」

には現状がどうあろうとも、そうではない別の次元があるという、この先への視線の向け方がある。

わからない。それは立ちはだかる壁に見えるけれど、わかろうとする試みがその壁の向こうの景色を束の間見させるのではないか。だから私たちは誰かと話すことを諦めないのではないか。それどころか話してもわかりはしないのに、話すことを楽しんでいる。死にたくなっているのに電話をかけてくる。それは言葉を口にすること自体に備わる「ことほぎ」の力ではないか。ことほぎは寿ぎとも呪言とも書く。

■わからないままに話を聞く

坂口さんは自分のやり方で対応できることについて、こう捉えている。「自分の中ではしっかり納得しつつもわからない」。「わかってないはずなのに、それを『わからない』というふうなことを思わない」でもあると言い、それを「不安ゼロの状態」と呼ぶ。

わかるとわからないのあいだは隔たっている。だから、私たちは容易に共感できない話や事実に出会うと「わからない。」と言葉にして、句点を打ってしまう。ひょっとしたら、わからなさへの不安が早々に結論をつけさせたくなるのかもしれない。であれば、「わからない、」と読点を打てば、その後に「だけど」と理解不能さに手を伸ばしたい気持ちが生じるのではないか。言葉は意味に還元し尽くされないし、私たちの身体も言葉に区切られない。

私は坂口さんの運転する車の中で、またアトリエで、決して意味に区切って話そうとしない、フローな言葉をずっと聞いていた。音楽に身を浸していると空間によくわからない変容が生じるのを体験した人はいるだろう。はっきりと感覚できるわけではない。けれど何か起きている。それと同じで、話を聞きながら感じようもない出来事がこの空間に起きているという気配に包まれていた。それは容易に言葉にならない。だから意味として言えてしまうことを聞こうとしても、手に入るのは古びたものでしかないのだとも思う。

近代以前ならば、そうした変容をもたらす技を呪術と呼んでいたろう。彼の振る舞いはメディスンマンのようだった。メディスンマンとはネイティブアメリカンの部族内で薬を調合し、病を癒やす人をいう。彼らは草に尋ね、薬効を見つける。そうして命名することが医の始まりだった。

坂口さんはメディスンマンのようにタバコを吹かしながら言う。

「自殺は止められると思う。そう感じられるってよくないかな？　誰もそう感じてないいんだから。病院の先生だって感じてないと思うよ。病気が治るなんて誰も思ってない」

その合間にも死にたい人からの電話に応えている。私は受け答えしている彼の声を聞いている。「治るはずがない」という世に満ちた呪詛が反転していくように思う。精神科医が熱心に彼の話を聞きたがるのもわかる。彼の話は反医療ではない。現状の精神医療はそのままに、ただ医療のよって立つ場がぬかるんで、気づけばすっぽりと別の層へと落っこちていく方へ彼の言葉は誘う。例えばトラウマについてだ。

「トラウマを抱えて大変だなと言うわけだけど、トラウマより今の思い出の方が100倍大事でしょ。本人もトラウマが自分の人生にとって意味があるものじゃないことはわかっているはず。それだけ今の思い出の方が強い。そうなったら『フラッシュバックのことを考えましょう』と言っても、その力が弱まっちゃってて、もうムニュムニュ柔らかくなっちゃってる」

「今の思い出」とは、今確かに感じたが過ぎ去ってしまったばかりの出来事で、頬を撫でて去った風、触れた水の冷たさにハッと我に返るような瞬間。

トラウマに対するムニュムニュという言葉の取り合わせに、聞いている方の気持ちが柔らかくなると、「あのときのあの体験があるから今の私のつらさはある」というはっきりしていたはずの時系列が揉まれて、きっちりとした直線を保てなくなるだろう。「それを薬で治すのは無理な話だ」という言葉でさらに時間が膨張したり撓《たわ》んだりし始める。生きづらく死にたい自分という既成事実の輪郭がぼやける。自分がはっきりしなくなるというよりも、実際の自分が立ち現れる予感が曖昧さとして感じられる。

「過去を掘り下げるカウンセリングで『自分と向き合う』ことだけがいいとも思えない。向き合うのは、今の自分だけだと思っているから。俺は自分の今とはちゃんと向き合わせるけど、過去のことはどうだっていいじゃないかと思ってる。どうせ全部脚色してる。全部嘘だから。いや、発端は確かにあったかもしれないよ。でも、そんなことよりも、今感じられる愛情とかの方が１００倍効果覿面《てきめん》だから。今の思い出は生薬みたいなもので即効性があるよ」

即効性で思い出す。精神科医の神田橋條治さんはホメオパシーやOリングといった、医療界からすれば眉を顰《ひそ》められることを行っている。けれども彼の精神科医としての力量が有無を言わせないようだ。実力があるから不問に付されているとも言えるけれど、薬というものの捉え方が一般とは異なるのかもしれない。その人の「今」に刺さるものであれば、なんでも薬になる。それこそ呪いもお札も草も。近代以前なら当たり前の発想を現代に持ち込んでいる。時間軸が、おそらく神田橋さんも現代人とは異なっている。

「トラウマを治せる人がいないのは、癒やすものだと思っているから。それで『癒すことに時間はかかるけれど——』と言っているわけだけど、時間がかかるのは理解するのが遅いだけなんじゃないかな」

■治り続けながら、苦しさも巡る

解離性同一性障害、いわゆる多重人格障害の人から電話があったという。その人の話に付き合ううちにフラッシュバックが起きた後に常に解離していたことがわかった。当人はフラッシュバックで困っている。

「その人と話して、そのことについてしゃべっているときに『なんで今はフラッシュバックが起きない？』と聞いたら『確かに』って言ってて、電話を切ったら、いきなりフラッシュバックが起きる。それで電話するとまた起きないわけ。俺はその瞬間を『治っている』と言うんだけど、みんなそれは『治ってない』と言うわけでしょ」

本人にとっては時間は地続きで、しかも苦しい時間帯を繰り返しているから、引き続き治っていない状態だと認識される。トラウマとフラッシュバックという言葉に釘付けにされる。

「それこそ薬を飲んで治っているときは治っているんだよ。だからそれを『治っているんだけど』と認識が足されていくと自分で治癒できるんだと思う」

今の苦しさはかつて味わったものと同じ。リピートしているように思えてしまう。けれども、生きている中で「今」は絶えず更新されている。かつての「今」の苦しさは「今」の苦しさとリカーブしている。治り続けながら、苦しさも巡ってくる。「治る」を元通りになると解釈した場合、彼の話は、医療の現状を知らない人になるだろう。彼自身が深い鬱に襲われる時期があるのであれば、経験主義の放言として扱われるだろう。

でも、彼は感性に任せた野生児ではない。治るというものの理解の速度の違いがあるだけなのだろう。治るとは、今この瞬間に立ち返ったときの、不安ゼロな状態があるという、ときに心もとなく思える事実を体認するかどうかにかかっているのではないか。フラッシュバックがなくなるのが必ずしも「治る」のすべてではなく、それが起きてもなお、それだけで言い尽くされるはずのない自分がちゃんといることを認める。過去の記憶に流されそうになっても、流されそうになっている自分がそこにちゃんといる。曲がりなりにもそこに立っている自分がいる。

坂口さんの試み、「いのっちの電話」は、常に今の思い出を作っていると言えるだろう。「ほとんどの人が後ろを向いているわけだから、後ろを向いているときに未来があるとはとても思えない」

現状に足を取られていても、今を観ていない。言葉で紡がれた現実の生きづらさを固く信じても、自分の身体からの声に耳を傾けない。今にこうして生きている私自身の身体は何を訴えかけているのか。医療にそれを尋ねても薬を返される。薬がいつも悪いわけではない。それが必要な時期はあるだろう。だけど、それは苦しみを訴える身体が眠らされるだけ、口を閉ざされるだけではないだろうか。

言葉を取り返す必要がある。自分の訴えかける話を自分が聞かないと何も始まらない。

どれだけ今に根ざした私として生きられるか。身の内から溢れる言葉を聞き届けるか。それができるようになるまでの訓練が必要だとしたら、まず身体の求めるところに従うしかないだろう。

土に溶ける不安

インタビューの途中、坂口さんが手がけて3年になる畑に連れて行ってくれた。車が貸し農園に着くと、ネコたちがわらわらと近寄ってくる。それぞれに名前をつけられたネコたちは餌だけを目当てにしているわけではなさそうな振る舞いをしている。まとわりつくというのでもないが、その距離感は坂口さんを信頼してのことだと思われた。最近顔を見せないネコもいる。名前をつけ、餌をあげるくらい愛着があるなら家に連れ帰って飼ってもよさそうなものだが、それはしない。自由を尊重しているというのではなく、ネコたちがこうして生きている以上のことをする必要を感じていなそうだ。

農園の一角のそれなりに草が生えた場所が彼の畑だった。草は切りはしても根から抜かない。草に目をとめた私に向けて「草を抜かなければ、そんなに水をやらなくてもいい」と言う。

蜘蛛が巣を張っていたが、そのままにしていた。野菜を育てることについて一切調べることなく始めたにもかかわらず、隣で長年菜園を手がけている男性に「立派な野菜が実っているね」と感心されるくらいの力量だ。

私の印象では、畑を始める以前は、身体という語をほとんど使わなかった。それが畑を手がける前後で身体と口にする機会が増えた。予兆は土を触るようになる直前、『cook』(晶文社)という料理本を出版したあたりだと感じている。その中でこう綴っている。

「不安を隠すための料理ではなく、不安であること、つまり、どうなるのかわからないということが、どれだけ大事なことなのか。それが人間であり、人間の持っている力であるということを感じることができるのが料理なのではないか」

坂口さんは刻々と変化しているが、鬱に陥ると不安に襲いかかられ、殺されかねないような日がやって来る。生命には身体を食い殺しかねないくらいの勢いがある。鬱の真っ只中にいると過去を悔い、明日を思い悩むことはやはり変わらないようではある。

それでも鬱の波に翻弄し尽くされない足腰の強さと不安を受け流す技は徐々に高まってはいるようで、以前のように何もできなくなるのとは違って、苦しい中でも絵を描くようになっている。その経験と身体の振る舞いへの関心は重なっているように思う。

鬱の際の未来があるとも思えない中を生きているという感覚は、この時代で暮らしているとわりと馴染みがあるはずだ。

「ほとんどの人にとってこの世は地獄であることが前提で、すべての会話の先に地獄が待っている。その中でもいかにサバイバルするか。それが思考回路の前提になっている」

これは彼のもとに電話をかけてくる、死にたい人たちにもきっと共通している。彼はこう言う。

「全部対処法でしかない。そこから次の世界が見えるわけない」

■ただひたすら対処するという生き方

時代は荒天で、吹き荒ぶ波風に揺さぶられているとき、大いに心は揺れ惑う。静かな海原など想像もできない。そうであれば、私たちの間で交わされる言葉は不安と恐怖と焦りに満ちた文法を基本にしたものになっても当然だ。

けれどもそうした世相を覆う空気を共有していない人が稀にいる。坂口さんの場合、それは奥さんのフーさんだ。坂口さんに言わせると彼女は「世の中色々あるだろうとはわかっているけれど、一切先を見ておらず、その都度できることしかしない」

その都度の手当ては、それこそ対処法ではないのかと思うだろうが、フーさんのおもしろさは、行いが不安に染められてはいないことだ。だから「対処法」の実行ではなく、対処しかしていない。

たとえば家で雨漏りがするようになったとする。屋根が腐っているのではないか。台風が来たらどうしよう。その思いから雨漏りを直すとしたら対処法だ。そうではなく「雨漏りがしている。直そう」。これが不安を前提にしない対処だ。事実を前にして感情を一拍挟んで未来を憂えない。未来を憂えないで、今できることに傾注するから、かえって未来の存在がはっきりとする。今できることをすれば、結果はそれなりのものになるからだ。不安を抱くと明日について思い悩むが、それは明日の到来を怖れていることでもあるとしたら、フーさんは明日は明日としてやって来るのをただ迎える。その姿を見ていて、坂口さんはこう思うようになったという。

「不安を感じないということは、もっと全然違う状態があって、それをフーちゃんは感じていると思う。今の時代は不安を感じずに生きるのはなかなか難しい」

先述の料理本では「手首から先を動かす」ことに着目していた。鬱になると身体は動かない。けれども手首から先であればかろうじて動く。そこから落ちた気持ちも浮上していくことについて言及していた。

実際は手首から先だけが独立して動いているわけではない。そこだけが単独で生きているわけではないからだ。手首から先が動くときは、その動きに全身が同調している。不安の外に、明らかにある別の状態として身体はずっと存在している。

身体が動かないとは、不安であること孤独であること、それに釘付けにされた何もできない、絶望しかない状態であるだろう。それに苦しむ。いわば絶望と苦しみに協調してしまっている。

一方、フーさんは坂口さん曰く「孤独である状態に自分で向き合えるようになっているように見える。それに関してはかなりの先人。しかも『自分がどういう人間であるか』を人に言わせないでも生きていけるというのをかなり早い段階で身につけている」

多くの人は、誰かに言葉で名付けられることを喜ぶ。つまり、「あなたのいいところ」であるとか「隠れた才能」であるとか、「何者であるか」を言い当てられたい願望がある。

そうされることで自分が自分でいることの不安や孤独の穿つ穴が塞がる。

　フーさんは稀有な人であると同時に極めて普通で真っ当な感性の持ち主であるとも思う。不安による惑いという心の動きは、ドラマを生む。憂いがあれば喜びもありと、その高低を行き来することを嘆き悲しむだけでなく存分に楽しんでいたりする。だから淡々と対処しかしないのは、ドラマのない世界であり、ある意味では退屈に感じるかもしれない。そこでは格別に幸せだと言う必要も感じなければ、かといって幸せを感じないわけでもない。ただ当たり前の暮らしがずっと続いている。

　かつて庶民とは、そうした動きの少ない一生を送っていたのかもしれないと、畑に掘った穴に生ごみを捨てる坂口さんを見ていて思う。

　鬱になると身体が動かない。眠れなくても性欲はなくても、わずかに食欲だけはあるとしたら、何かを口にするために指は動く。生きることが停止しているわけではなく、静止しているだけで、それは何かが生まれている状態とも言える。畑もきっとそうなのだろう。捨てられたゴミもやがて土に溶ける。これは動いていないように見えるけれど、目に見えない速さで微妙に植物が成長しているという話ではない。

■畑には失敗がない

買ってきたえんどうの種が着色されていた。それを畑に適当に植えた。

「着色料を塗られた種でも、それなりの感覚で動こうとしている。不思議なもので、植えたばかりだとちょっと土との関係がぎこちないんだけど、2週間も経ったときには馴染んでいる。小学校に入りたての1年のときのぎこちなさから6年くらいの変化を植物だと1か月くらいでしている。畑では、それくらい逆にすごい速いサイクルで経験している感じもあるんだよ」

その循環の速度の中では、「もはや失敗があまり起きない」という。ひとつの野菜の種がうまく芽を出さないと思っても、植えたけど忘れていた、育った生姜を見つけたりする。つまり個々の野菜の動きを見ると止まっているようではあるが、それでも畑全体が静止することなく動いている。だから失敗と名づける余地があまりない。

農園のそばには国道があり、それなりに車が行き交っている。周囲には電柱も家屋も立ち並んでいる。決して牧歌的な風景というわけではない。けれども海を間近にしたこの辺りの地形はおそらく室町時代から変わっていないという。

「もう自然なんかない、という前提で人間は生きているけど、それも植物はわかっていると思う」

「本当の自然はない」という文明への違和感とか「うまく育たない」といった不安を募らせることは、植物よりも動的である人間の人間的な振る舞いの特徴ではある。そのときに私たちは「本当の自然はない」「うまく育たない」と「ない」を物事に名づけてしまうことで、自らの振る舞いや世界を停止させようと試みているのだと気づけない。植物との、畑とのコミュニケーションを絶ってしまっているのだ。個別具体のものを見てそれに囚われて、良し悪しをつけるのではなく、全体を観る。

考えてみれば、この視座は相手の話を聞きながら意味にこだわらず、身体を観つつ、それを自分に映して話をすることに近いのではないかと思う。

目の前にちょっと萎びたナスがある。

「人間的な感覚で『このナスは枯れようとしている』という意識をナスに持たせるとマジで枯れるからね」

枯れそうになっているけれど、枯れているとみなさないで様子を見る。それは「調子悪いですよね」と言って「はい」と答えてしまうような関係にさせないで、ただ相手の声と身体を観ておくことにも通じている。

畑も3年目に入った。このままの状態をとにかく進めてみたいのだという。朝起きて原稿を書き、家族の朝食を作り、絵を描き、畑に出かけ、夕食を作りと毎日変わらない生活を繰り返している。継続からしか変化は見えない。同じことをし続けることは、ダイナミックな動きは減ることになるが、動きを止めれば止めるほど創作のスピードは上がっている。

「とにかく毎日続けるという身体の使い方しかしてない。自分が失敗して落ち込むみたいなことを考える方がスピードが遅れていく」

刺激の中で新しいことを行おうとすると動きすぎてしまい、昨日と今日の自分の違いに気づけない。だから、そうなると特別なアイデアやひらめきを求めていくのだという。

「今はアイデアはほとんどない。ただ、前の日とどれが変わっているのかは、畑にいるのと同じで小さな芽まで見えるようになっている。今は蜘蛛の巣も取らない。蜘蛛も俺が取らないことは最早わかっている。そうすればお互いにとっていいことが続く。愛護精神ではなく、チームとしてやっていこうみたいな感じ」

■変わると変えるの違いに気づく

昨日はなかった巣が張ってあれば、それは昨日と今日の違いであり、それを払うのが変化に気づいた証であり、新たな動きだとすると、坂口さんの違いへの気づき方は異なる。蜘蛛の巣を取らないのは、生命が大事だとか生態系への配慮でもなく、蜘蛛と向き合って対話した結果でもない。ただ巣を見つけたら取らないだけ。それが対処であり、小さなことへの気づき方になる。この接し方はいのっちの電話での言葉のやりとりに似ている。

違いに反応して、対処法で当たるのではなく、違いに応じて対処する。それを坂口さんの言葉で言い換えると「違うところだけを細かく観る。書く」になる。そこに声を聞くを加えてもいいのではないか。

違いに感情を投影してしまうとつい不安げな言葉がこぼれそうになる。会社で周りの人とうまく馴染めず、人間関係がうまくいかない。それだけで死にそうになっている人が電話をしてくる。周囲と違うということに言葉を与えすぎてしまう。

でも、ただ違うところに注目していると、「こういうことが思い切って言えた」といった吐露の言葉が胸の内に芽生える。そのとき言葉は植物みたいに生えたという感覚を伴う。そうした言葉の開け方は、身体の使い方の感じを言うときの言葉と近いような気がするのだという。鬱で動かなかった身体が手首の先は動くとわかったときの徐々に頭をもたげていける感じ。

その「感じ」とは、本当は誰しも「成長するのを知っている」になるだろう。それは死にたくなっている人も同じのはずだ。

人は否応なくずっと変わっていく。変わっていくのだから、変えようとしなくてもいい。変わると変えるは一字違いだが、この言葉のわずかな違いは身体の動きを大きく異ならせる。何かやらなくてはいけない。自分には何もない。そう思うとき、私たちは創造的な生き方というものを何か特別なものだと誤解しているのかもしれない。

アトリエには、彼が手がけた椅子が置いてあった。背もたれは棒状で腰掛けるところは逆目がそのままに、ささくれている。聞けば狙ってのことでもない。そうなってしまったのだという。私は彼があまり文章を推敲しないのにも似ていると思った。ただ、そのときに出てきたものを受け取ったらそういう椅子になった。

生きることとは、それに近いのではないかと、ざらつく椅子に触れながら思う。人生には生活があるだけで、身体の動きにつれて起きる変化に対して毎日少しずつ修繕していくことにも似ている。言葉を紡ぐのも聞くのも話すのも、きっと雨漏りを直すのと変わらない。

第 4 章

死を願う言葉を身体で聞く

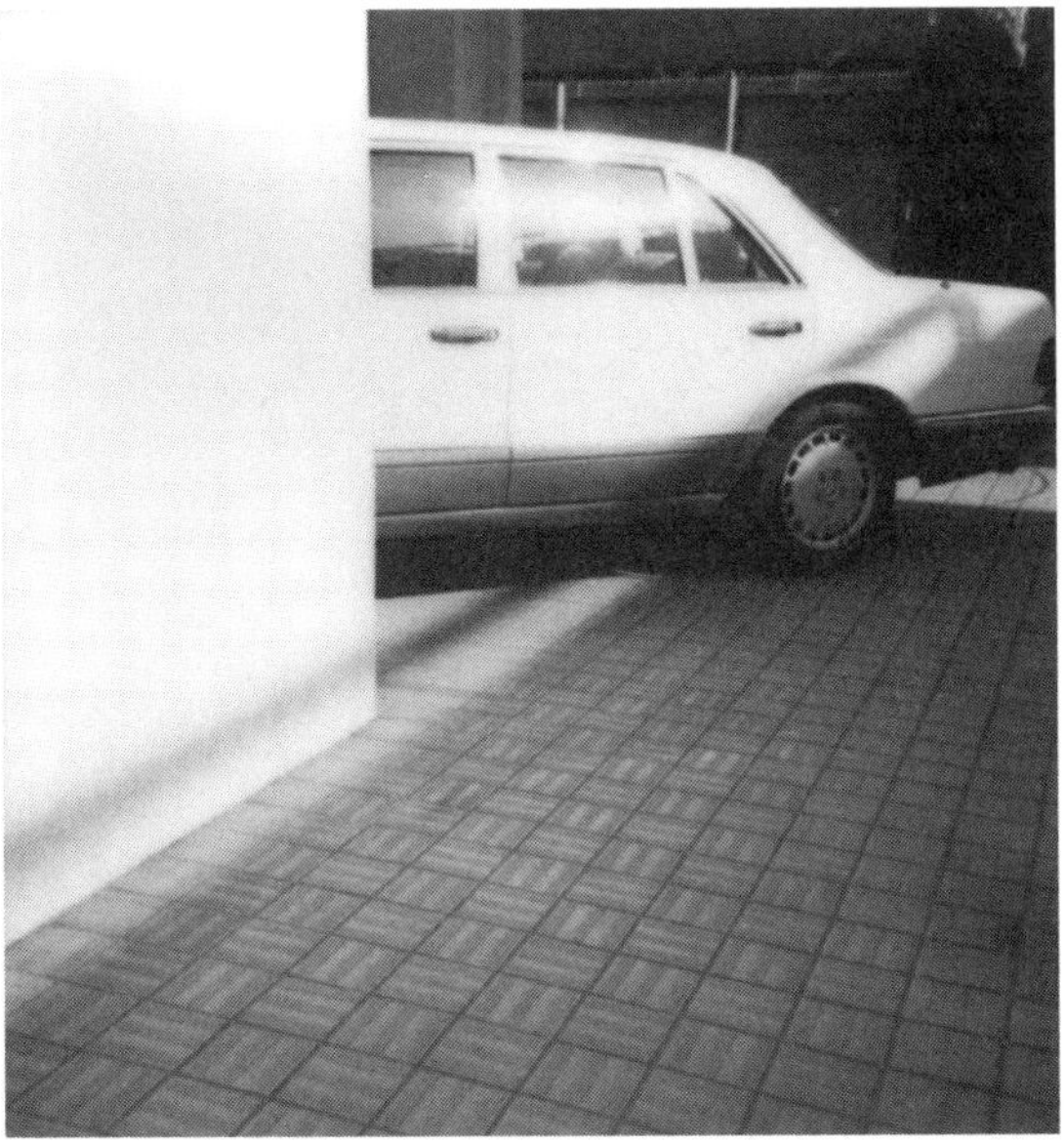

第 5 章

私とあなたのあいだにある言葉

インタビューセッションという試み

1章で記した通り、私はただ相手の話を聞くというインタビューセッションを行っている。来られる人の9割は女性だ。彼女たちが打ち明ける話は、身近な人にはすっかり言えない内容が多い。別に後ろめたいことをしているからではなく、また周囲の親しい人を信頼していないわけでもなく、ただ自分のままを表現すると関係性が壊れることへの怖れを持っている。

彼女たちの話の芯には怒りがある。自分が女性というだけで受ける差別。女ではあるが、その事実が自身とぴったり重なるわけでもなく、必ずしも全面的に受け入れているわけではないのに、どうして男は勝手な女性像に期待を寄せて理想にしたり失望したりするのか。そこに自分はいない。女であることで自分が無力だと感じる体験をせざるを得ない。そうした怒りもあると私は感じている。

彼女たちが身近な人にそこまでの吐露をしないのは、「わかる」とか「大変だね」といった共感を求めていないからだろう。もちろん、そうしたリアクションが慰めとして緩衝材となるから日々をやり繰りできることもわかっている。なおのこと気持ちの本当のところを言って共感が返ってきたら失望することになるだろう。

でも、それを相手の理解力のなさのせいにしてしまうとたいていの人間関係に落胆してしまう。多くの人は、「この話題は関係性においてふさわしくない」とわかれば、時と場を選んで話そうとする。

けれども、上辺をなぞるだけの話では収めきれない、自分の気持ちの持って行き先がわからないときもある。インタビューセッションはカウンセリングでも悩み相談でもない。ただ、そのままを口にしたいという人の求めに合致したのかもしれない。

なおのこと初対面の私に対して、「誰にも言ったことがありませんが――」と前置きする人がそれなりの数いるのも頷ける。それは本当に誰かに言ったことがないというよりは、同じ話を異なる話法でこれから語るという決意のもとに行っている宣言だと理解している。彼女たちが共感や同情を欲していないのは、最後まで話が聞き届けられた経験の少なさゆえなのだろう。

■感情移入と投影の違い

私は人の話に共感することがほとんどない。というより、共感を手がかりに話を理解しようとする文化と習慣から遠のいて生きてきた。ゆえに、表情もリアクションも乏しいと思われるかもしれない。「わかるわかる。私にもそういうことあった。この前さ――」と人の話を自分のエピソードにつなげていけば場は盛り上がるだろう。そういうやりとりが軽妙な会話のキャッチボールだと言われているが、そういうことをしようという気が全く起きない。ノリと勢いが皆無だ。そのせいだろう。「聞いているか聞いていないかわからない」とよく言われる。

ひと頃通っていた新宿二丁目のバーのママは初見で「あんた、観葉植物みたいね」と少し嘲笑う口調で言った。でも、後日その人は「あんた、マイナスイオン出てるわよ」とちょっと感心したように口にした。癒やしの効果があるのかわからない。

でも、聞く態度に賑やかさがなくても案外悪くはないのかもしれないと思わされた一件だった。高揚して話すのも楽しい。けれども、それで見えなくなる、伝えられない思いというのもあるのだから。

インタビュアーとして人の話を聞くようになって気づいたのは、ノリのいい巧みな会話に紛れてしまって当人もわかっていないようだが、感情移入と投影の違いを理解していない人の多さだった。本人は感情移入しているつもりでも、実は自分を投影しているに過ぎない。相手ではなく鏡を見ているのに等しい。そうなってしまうのは、共感することを理解だと思っているからではないか。

たとえば文化や慣習、セクシュアリティの違いなど、少しでも共感できない出来事に出会うと「わからない」の言葉でさっさと片付けてしまう。場合によっては嫌悪感を付け足してしまう。そうした心の動きの背景には、共感によって「わかる」を積み上げれば理解できる段階に至れる、そんな偏った考えがあるのではないか。

というのも、共感できないとなると早々に切り上げてしまうとしたら、言外に表しているのは、「私は自分のこれまで知っている人や事柄しか理解しない」という態度だ。それはつまり答え合わせということで、自分の中の正解を投影しているに過ぎない。

今目の前にいる人、今起きていることといった最も新しい現実を受け取ることを拒否している。そう思うと、共感と対で用いられがちな「あり得ない」の表現が気になってくる。存在しているのに「あり得ない」と言うとしたら、その人の現実は想定の範囲にしかないということになるからだ。

もしかしたら共感はしていても本当は相手に関心がないかもしれない。互いの違いを無視しておいて、そこに「同じ」を見つけるのであれば、他人は「自分と同じもの」を見つけられたらいいだけの安心材料になっている。

感情移入はそれと違う。自分の中にあるものと自分とは異なる相手に似たものを見つけたときの「同じだ！」という驚きと喜びがある。違うのに同じところがあることに感動を覚えるわけだ。投影と移入の違いに気づけないのは、共感という言葉が多用され過ぎて麻痺しているせいかとすら思う。

■共感は理解への唯一の道ではない

インタビューセッションにおいて、共感は理解の道のりのすべてではないという態度で臨んでいる。先ほど「彼女たちが共感や同情を欲していないのは、最後まで話が聞き届けられた経験の少なさゆえなのだろう」と述べた。容易く共感しないせいで、私は話の成り行きをすべて聞こうという姿勢を保つことができる。

あなたが何かを言おうとして、でもちゃんと言えているかわからないままに必死に言葉を紡いでいるとする。聞き手の相手は良かれと思い、あなたがすべてを言い尽くす前に「わかる」と言う。それは善意なのだとあなたは感じる。話を続ける。合間に挟まれる

「わかる」の声に次第に情緒の色が濃くなり、湿度が高まってくるのを感じる。それは同情と呼ばれるものかもしれない。自分の話が切れ切れになり、自分の話でないように感じられてしまう。

やがて「私も似たようなことがあった」と切り出す頃には、相手はあなたの話をきっかけに自分の話をしだす。その話には因果関係があって、誰が良くて誰が悪いかが決まっている。それと似ているからきっとその話を持ち出すのだが、あなたは似ていないものを同じだと言われているように感じても、それを言い出せない。そして思う。どうして最後まで話を聞いてくれないのだろうか。ただそれだけでいいのにと。

私は話を聞く際「積極的に受け身」になることを重視している。まず相手の声や表情や雰囲気、存在が私にとってどういうものかをひたすら感覚することから始めるしかないからだ。だから、相手が話しきるのを待つ。言い淀んだり、言葉が出てこないあいだも待つ。間が空いたことに不安になって、相手の言っていることを「つまり、こういうことですか」と言い換えない。相手の言葉を奪わない。

社会では、「要するに、結局、手短に言うと、それは君の主観でしょ？　根拠は？　結論から言って」といった言葉が溢れていて、そういう言い回しを持ち出されると、たちまち自分の言葉が拙いものとして感じられてしまう。話すこと自体が萎縮させられる。

「要するに」で心の内が話せるわけがない。「要するにあなたの言いたいことはこういうことですね」と聡明な人に凄まじく切れ味のいい言葉で言われたら、一瞬はすごくわかってもらえた気にはなるだろう。嬉しいかもしれない。でも、要せない気持ちが心の奥にあることになんとなく気づいているのではないか。

誰しもわかってほしいがわかられたくはない気持ちを抱えている。なぜなら他人と私は違うのだから、わかるはずがない。それは寂しさが募るところではあるけれど、私らしさが宿る場所でもある。本当は私という存在は私自身ですら共感できない相貌を持っている。そうであるならば、そもそもどうして私という存在が誰かに要約されないといけないのだろう。この疑問は至極当然だと思う。

そのためインタビューセッションにおいては、相手の話を要さないでそのままに聞く。共感や投影は、相手の話を自分の話として聞いている。けれども本当に話を聞こうと思うのならば、他者の声を尊重するならば、相手の話を相手の話として聞かなくてはならない。あなたという存在は私の共感の及ばないところで生きている。

第 5 章

私とあなたのあいだにある言葉

ジャッジを手放す

その人の話をその人の話として聞く。極めて単純でありながら、いざ取り組もうとするときっと難しく感じる。どうすればそれが可能かと考えて導き出されるのは「客観的に聞く」といったところだろう。冷静に、俯瞰してといった言葉をそこに付け加えることもできる。

では、その客観的な聞き方が実際に行っているのはどういうものかと言えば、「根拠に基づいているか」や「常識に則っているか」を気にしたもので、客観とはまるで関係がない。それでは世間のいう正しさにかなっているかどうかに配慮しているに過ぎない。

たとえばアーティストへのインタビューにおいて、なぜそう思ったのか？　なぜそんな行動をしたのか？　とインタビュアーが理由を尋ねても、感覚的な話に終始して問いとすれ違うような返事が多い。それもそのはずで彼らは直感によって創作しているのだから、「そう思ったし、気づいたらそうなっていた」といった類いの話になる。彼らにとって大事なのは表現であって説明ではない。そうなると根拠を軸に話を聞くことは、こちらの常識に寄せようとしているだけで、相手の話を相手の話として聞くことからほど遠い。その隔たりを「才能の豊かさ」で括ってしまったら何も話を聞いていないのに等しい。「常識に則っているか」に至っては、「みんながそう言うから」といった他人任せの言い換えでしかない。話し手の目の前にいるのは私であるのに、みんなを持ち出して、私として対峙していないのだから、とても失礼な態度だと思う。

普段から客観という語を多用するわりには、それについてずいぶんと誤解し、誤用している。主観を省けば客観的になれると思ってしまうのもそのひとつだ。でも、その発想はすぐに壁に行き当たる。なぜなら主観抜きの客観など存在しないからだ。考えるまでもなく、私の存在を抜きにして私は事物を観ることができないし、話を聞くこともできない。

主観というものを独善で狭小なものと考えてしまうのは、私たちの自信のなさの現れだろう。そうまでして自分のものの見方を放棄して何を得ようとしているのだろう。誰ともわからない外部の視点でものを見ることを客観的で正しいと思っているとすれば、とても奇妙なことなのだが、あまりそのことを疑わない。

私たちが信頼を寄せている客観視はもしかしたら、この世に存在しない幽霊のような視点を取ろうという試みに近いのかもしれない。では現実に足をつけて世界を捉えるには何が必要だろう。「いかに客観的になれるか」ではなく主観の徹底に手がかりがある。そのためには自分の主観を徹底して観なくてはならない。主観で観るのではなくして。

つまり、自分のものの見方は、どこに立って、どの角度から、どのように見ているから成り立っているのか。私の見方について省みる。これに徹した結果が客観性になり得るのかもしれない。

自分の視点を検討するとは、自分が見ている景色は実はカメラのレンズ越しだと知るところから始まる。枠の外にも景色は広がっているにもかかわらず、私たちはある範囲を捉えることしかできない。それを狭い見方と言うこともできるけれど、ほかならない自分の目で見るとは、限界を生きることであり、それが私たちの原点であり主体性の始まりだ。

問題は、見たものが世界のすべてだと思い込んでしまうことだ。その錯覚に気づくには、カメラをどの位置と高さと角度で構えているからその景色が見えてくるのか、を知るかにかかっている。自分にとってあまりに当たり前すぎることを改めて捉え直すのは難しい。だからこそ、自分の行っているジャッジのあり方を知らなくてはいけない。いわば撮った写真から「何をどのようにどこから撮っているか」の観点を探るわけだ。

■善悪正誤はどこから来たか？

相手の話を「私の話」として聞いてしまうとき、「私」は必ずジャッジしている。相手の話に対して、「それはあなたの言い方が悪い」だとか善悪正誤をつけ、アドバイスをし、挙句の果てには「どっちもどっちじゃないか」と諭したりする。どれもこれも無自覚にやってしまう。つまり深く考えているわけではなく、自動的な反応として言葉を羅列している。軽率だからこそその人のあり方が露呈している。

私たちは物事をジャッジするとき、善悪は対象に属していると思っている。相手が良いことをしたから、それを「良い」とし、悪いから「悪い」と判断したと。そうではない。自分の解釈が善悪正誤を決めているのだ。あなたが誰かの行いや発言に「善悪」をつけたとき、そこで明らかになるのは、あなたが長年培ってきた価値観であり信条だ。それはどのようにして身につけたのだろう。

赤ん坊の頃は何をしても「すごいね」「よくできたね」と誉められたはずだ。いつしか「それはしてはいけない」「正しいやり方でしなさい」「そんなこともできないの」と言われるようになる。とはいえ、「それはいけない」が車道に飛び出ようとする子供を危険にさらさないための咄嗟の制止であれば、生き死にに基づいた問答無用のジャッジであるから是非は問えない。

ところが、言葉をうまくしゃべるようになるくらいから、次第に社会の枠内での善悪にかなうかどうかで判断されるようになる。「みんなの迷惑になるから静かにしようね」とか「そんなことしていると恥ずかしいと思われるよ」といった、柔らかい物言いでありながら、身体をきっちり拘束する言葉を耳にするようになる。

そのジャッジはそれぞれの親が身につけた考えに従っている。私たちは自分の体験を親や周囲に教わった善悪正誤の枠に従って分類するようになる。誰でも怒られるより誉められる方が嬉しい。そうして覚えた通りの判断をし行動するとさらに「いい子だ」と評価されるので、「これでいい。これが正しいのだ」と教わったことを信念に置き換えて、しっかりと身につけるようになる。こうした家庭の中で養われる善悪正誤のコンセプトの背景にあるのは社会や文化、ひいては歴史、風土が培った慣習だ。

■個人的な事情が価値観に及ぼす影響

私たちの住む島では、協調性があるのは良いこととされ、独自性は自分勝手と言われがちだ。「独自性がある」のはそれ自体ではなんの問題もないはずだが、自分の考えをはっきりと口にするだけでわがままと言われることも多い。では、わがままの判断基準は何かといえば、「みんなと違うから」「みんながそう言うから」に委ねられる。

突き詰めると、みんなとは空気のことだから、それを吸っているうちに身につくものだという期待が一方的にされている。基準はいたって曖昧なままで、そうして個性の尊重や多様性というスローガンだけが連呼されていく様子を私たちは目の当たりにしている。

もちろん白黒はっきりさせないことの利はある。祖先が長年かけて作り上げてきた習わしには、それなりの恩恵があるはずだし、良いところはある。と同時に害があるのも確かだ。ものをはっきり言わないのは気遣いでありながら、一方で本当のことを決して言わないことでもあるように。

そう思うと、多くの人が息苦しい、生きづらいと口にするからには、今はこれまで育んできた文化や習慣の負の面が目立つ時代になっていると言っていいのだろう。

私たちのジャッジの基準は、生まれ育った環境、時代、社会の中で選ばざるを得なかったというような、極めて個人的な事情に基づいている。生き延びるためにそれを身につけてきた経緯がある。私たちも親もその親もそうだった。

私の事情について言えば、本当のことを聞くことに恐ろしさを覚えるような環境にいたと思う。それは常に理不尽な怒りを家族に向ける父の言葉の真意を知ることへの怖れがあった。「私という存在は必要ないのではないか」と感じていたからだ。また母の命がそう長くないという事実を聞くことへの怯えがあった。「きっと私は見放されてしまう」という思いが耳を塞いだのかもしれない。

幼い頃、鉄道橋をくぐることがとても苦手で、橋を前にすると手を耳にあててその場に立ちすくんでしまった。何かの象徴だったのだろう。大きな音、威圧するような声、苛立たしげな表情。不安を覚えるような予兆がすると耳を塞ぎ、目を瞑った。いつの間にか手で実際に蓋をせずとも、耳を塞げるようになった。目は開けていても嫌なものは見えないようになった。そうして瞬時に心を閉ざす術を覚えた。

話すことはどうかと言えば、いつも緊張と脂汗がつきもので、話すとは吃ることであり、口を開こうとしても押し黙ってしまってどうにもならない身体でいるしかなかった。話すとは、拷問のような時間帯を過ごすことを意味した。

不安と孤独と恐怖という感覚に馴染みがあり、それを内面に落とし込むようにするといった、複雑な作業を行う努力を常にしていたように思う。おかげで感情を表すことがよくわからなくなった。それが私の事情であり、サバイバルのやり方だった。こういうことは私に限った話ではないだろう。まともな家庭などコマーシャルの中にしかないのだから、誰しもそれぞれのサバイバルの技法を備えているはずだ。

私たちがジャッジするとき、「普通はそんなことしないでしょう」という言葉が内心に渦巻く。誰しも生き残りを懸けて得た信念を「普通」と感じている。それを揺るがされると怒りが湧く。それだけ本人にとってその判断が自然だと思えるからだ。

けれども、私たちは不自然さを習慣にする中で、それを自然に感じてしまう特殊な生き物だ。当たり前だと感じている善悪の基準は、その身につけた過程を振り返ると不自然なことが多い。

事実を事実として、起きたことを起きたままに捉えるのは、簡単であり難しい。容易であるのは、そのままを観るのはなんの努力も勇気もいらないからだ。困難であるのは、そのままを観ることができない理由が、観るわけにはいかない必然性がそれぞれの人生にはあるからだ。

他人の話を聞く前に、自身のジャッジを形成するに至ったストーリーを知り、その顚末を最後まで聞きとり、それを手放さない限り、私たちは相手の話を聞くことができない。本当に尊重することができない。

自己否定と問題解決の罠

子供が自分の思い通りのことをしないと怒る人がいた。インタビューセッションでのやり取りについて、本人の了解を得て、少し紹介したい。

彼女は小学生の娘に対し「なんでそんなこともできないの」「何度言ったらわかるの」と口にする機会が増えていた。その言葉は、彼女が親から言われていたこととそっくりだった。

ちゃんと、きちんと、世間に指さされないようにしなさい。少しでもそこからはみ出ようものなら事細かに注意され、それにうんざりして親から離れた。自分は母親のようにはならない。いい親になる。そう思ったはずだった。

怒った後に決まって罪悪感に囚われる。どうして自身が言われて傷ついたことを言ってしまうのか。悪い親だと自責の念に駆られながら、寝付いた娘の顔を眺めては泣いてしまう。でも、また同じ場面になると怒りが抑えきれず、ぶつけてしまう。そして悔やむ。

「変わりたい。でも、どうすればいいかわからない」と彼女は言う。

そのように話を聞きながら私は相手と目を合わせている。普段は人と目を合わせることがとても苦手なのに、インタビューセッションのあいだだけはまるで違うモードになる。

でも、おそらく相手にプレッシャーを与えていないのは、幼い頃の怪我が原因で傍目にはわからないくらい右目がほんの少しずれているせいで、目が合っているのに合っていないように感じさせるのと、射すくめるような眼差しと違って少し引き込むような感じだからだろう。

「どうして言われて傷ついたことを言ってしまうのか」と彼女は言葉にする。そう口にすることができるのは、「傷ついたにもかかわらず」と過去の事実を認めているからこそだ。けれども、そう言っていることで彼女は何を言わんとしているのだろう。

「どうして言われて傷ついたことを言ってしまうのか」といった発言の意味に注目し、そこから原因を見つけようと考え始めても途中から頭の中は霞がかかったようになるという。かろうじて見えるのは、嫌悪すべき言動を自分がしていることだけで、後はもう考えがまとまらなくなる。そうなると思いつくのは、自分が許せないから自分を罰する。娘への罪悪感を募らせるしかなくなる。そのぐるぐると巡る考えにこだわることがこの五里霧中の状態から抜け出せる方法だとしか思えなくなる。

だけど、そんなことは何度も繰り返してきたし、それでもどうにもならなかったのもわかっている。それでも彼女は自分を否定し、解決した上で何か新しく変われる道筋を求めようとするのを止められない。

本人はそのようにして毎度試みては挫折し、それでも解決しようとするけれど、彼女の体験した出来事が解決を望んでいないとしたらどうだろう。

「どうして言われて傷ついたことを言ってしまうのか」と言っていることで彼女が言わんとしているのは、「言われて傷ついたからこそ言わざるを得ない必然性が私にはある」ではないだろうか。その「私」の存在に彼女は気づいていないとしたらどうだろう。

■私は自分の声を聞いてこなかった

私は自分がダメだとか罪悪感を抱いているだとかのジャッジをとりあえず脇に置いて、今の自分自身をどう感じているかについて尋ねる。「とても嫌だと感じる」と彼女は言う。嫌だけど、同じことを繰り返していることについてどう感じているかと聞く。「しんどいからやめたい」とすかさず述べる。

――言われて嫌だったことを言う自分が許せない。そういう自分でい続けることで得ているものはなんですか。

なんでしょう。何もない気がします。娘との関係も悪くなるでしょうし、虚しいだけですし。

――虚しさを晴らすためにどうすればいいと感じていますか。

自分がなぜそういうことをするのかがわかって、解決すればいいのかなと思います。

――言われて嫌だったことを言う自分が許せない。そういう自分でい続けることで失っているものはなんでしょう。

失っているもの？　たくさんあると思います。信頼とか？

――誰の信頼ですか。

娘のです。

——自分自身への信頼はどうでしょう。

ああ、そうですね。不信感はあるかもしれないです。

——不信感はありながらも、同じことを繰り返すからには、そういう自分には信頼を置いているのでしょうか。

そうなりますね。ダメですね。

——なぜダメだと思うのでしょう？

だってダメじゃないですか？　情けないじゃないですか。

自分のジャッジを形成するに至ったストーリーを知る必要があると先述した。彼女は「(自分が) 言われて傷ついたことを (娘に) 言ってしまい、それが嫌なのにやめられない。そんな自分を変えたいのに変えられない」と言い、その後悔自体がカタルシスになっていることに嫌悪感を募らせている。とても苦しいと思う。

この抱えた苦しみから離れたいが、それを手放せない。手放すわけにはいかないのは、苦しみの記憶を繰り返すことが甘美だからだ。けれども事実を観ること以上に私たちを力強くさせるものはない。

——ダメだと思うということは、そういう自分を否定的に扱っていると思うのですが、自分の中にいる否定されている、その人の言い分を聞いたことはありますか?

言い分? 私のですか? 言い分……考えたことないですね。

——あなたの中のその人が何を訴えていると思いますか。

え、なんだろう。なんかよくわからないことになってるなぁって。

――頭で考えて答えようとしていると思います。そうではなく、その否定されている人は何を感じていますか。

寂しい、ですかね。

――我が子を否定的に扱っているから変わりたいと思っている。ちゃんと話をしたいと思っている。でも否定されている自身の言い分は聞いてこなかった。話もしてこなかった。それについてどう思いますか。

ひどいですね。

――責めているのではありませんよ。事実としてどう捉えているかを尋ねています。

ちゃんと聞いてなかったなと思います。でも、私は向き合えるんでしょうか。

――長らくその人の訴えを聞いてこなかったわけですから、すぐに話ができるほど都合よくはいかないでしょう。その人に声をかけるとしたら、なんて言いますか。

怖いですね。答えてくれなそうだし。なんでしょう。

――では、困っている人や泣いている人が目の前にいたら、なんて言いますか？

「大丈夫ですか」とか「どうしましたか」です。

――そうなると、あなたの中の人は、そうした素朴な言葉すらかけられたことがないということになりますね。

そうですね。いや、本当に。ごめんなさいとしか言えないです。

■過去は解決すべき謎ではない

困っている人や悲しんでいる人に理由や原因を求めるとき、私たちはその人をその人として見ていないのではないか。人として見るのであれば、手を差し伸べるだけでいい。理由や原因よりも大事なことがあるし、それらは生きているあいだにも変わっていく。「言われて傷ついたからこそ言わざるを得ない必然性」があるとしたら、必然性を必要としているのはなんだろう。未解決のままの記憶の引っかかり、打撲傷のように疼き続ける記憶にあるのだと思う。

過去は過ぎ去っており、今のことではないのに、「嫌だったはずのことを繰り返す」という形でずっと過去が今に再現される。その一貫性は都合よくこしらえられた、ひとつのストーリーだという可能性がある。

感情は発散するものだ。ところが同じような場面になると同じような苛立ちを覚えて毎回怒るとしたら、出来事に応じて発火したのではなく、ウズウズと身構え引き金が引かれるのを待っていると言える。つまり抜かりなく準備されたものであって、感情と似た別の何かではないか。

それは解決すべき謎ではなく再現することで何を私に知らせようとしているのかの問い

として向き合うべきだろう。けれども私たちはそれを無視し、否定して解決に向かおうとしてしまう。

でも、よくよく考えてほしい。あなたが誰かから解決の対象として扱われたらどんな気分になるだろう。あなたがあなたとしてではなく、常に問題として扱われる。損なわれた気持ちになるだろう。

ところが、自分が自分に対して不断にそれを行っているのに、その不当さに気づけない。自分の声を聞かない。自分を平気で否定的に扱うとは、そういうことだ。

「自分には価値がない」といったように、自身の価値を低く見積もることを当然のようにしている。それを長年かけて養い自己像にまで磨き上げている。自分が無力だと言い続けることで弱さに力を与え、その弱さで人をコントロールしようとする。今の時代においては、傷つきやすさへの共感もコントロールのひとつの手段となっている。

弱さや傷ではなく、自分自身にコミットする必要があるのだと思う。過去に甚大な傷を負ったのは紛れもない事実だ。でも、「感じている自分」と「感じたこと」は別なのだ。ここがわかっていれば、自分がはまっているる繰り返されるストーリーから抜け出る糸口になるはずだ。

たとえば「私の感じでは――」と言っても「私が感じでは――」とは言わない。つまり

「私の感じ」と言うときの感覚はありありとしているが、決して私そのものではない。感覚したことは私の外にある。「私の苦しみ」であっても、「私が苦しみ」ではない。体験のもたらす苦しみが私を覆い尽くしそうに思えても、常にそれは私の一部でしかない。私は意識できたり感じたりできる範囲にはない。私の身体は常にそれらの外にある。

過去のストーリーを通じて自分を理解する必要はないのだと思う。傷を通して自分自身の弱さに到達しても自己憐憫を生きることにしかならない。

ジャッジしないとは、事実を事実として観る。個人的に解釈しない。あるいは迂闊に傷つくことを自らに許さないと言ってもいいだろう。起きたことを起きたこととして観るのは不安にかられる。心もとなく感じるのは、足掛かりとなる基準がないからだ。誰にも頼ることができないからだ。

不安は対峙する相手ではなく、浸りきることで決して不安そのものに自身がなれない体験を通じ、不安から離れていけるものかもしれない。離れはしても去ることはなく、私たちはそれと共に付かず離れず生きていけるだけかもしれない。

新たな変化は新たな道を通して訪れる

私たちは自分の影を飛び越すこともできなければ、自分の顔を直接見ることもできない。善悪正誤によるジャッジをすべて手放して生きるというのは、ひょっとしたらそれくらい難しいかもしれない。

だから、ジャッジを放棄できないと「自分はダメだ。まだまだだ」と思って、「もっと努力をしなければ」と考える。「こういう言動をしてはいけない」と禁止項目をたくさん作り、常にチェックをしてクリアしていけば、いつかジャッジをしない自分になれると期待する。

けれども、このような問題解決の発想で自分に対処することこそがジャッジを手放す道から最も遠いのかもしれない。問題解決は常に「どのようにすればいいか」を大事にする。目的を定め、手立てを考え、それを実行する。もちろんノウハウが必要な場合もある。

けれども、生きてきた年数をかけて丹念に育て上げてきた善悪正誤の基準を捨てるとは、自分自身と捨て身の取っ組み合いをすることだ。なぜなら自分が今までの自分を殺しかねないくらいのことだから。ノウハウに頼るとは、いわば必死にもがいて足掻いている最中に背後のセコンドのコーチを振り返って意見を聞くようなもので、そんな余裕はない。そもそもそれでは間に合わない。

というのも、ジャッジは今この瞬間に起きるのだから、その刹那にノウハウという「こうすればいい」という過去の事例から導き出した方法は役立たない。

言うなれば、横断歩道を歩いていたら車が猛スピードで突っ込んできた。「こういう場合のうまい危険の避け方があったはずだ」と思い出して実行しようとしているのと同じだ。そんなことをしている時点で車にはねられているだろう。避けることに方法はない。ただ避けるしかない。ジャッジを手放すには、「正しいジャッジの手放し方」から遠ざかることが必要なのだと思う。

方法に頼れないとすれば、どうしたらいいのだろうと途方に暮れるかもしれない。だからこそ自分の存在と状態、自分の身体、それがもたらす言葉に集注するしかないのだと思う。

まず自分がジャッジしていることに無自覚でいるかそうでないかに気づくこと。これが自身の存在と状態への観察の始まりになる。

■変わるためには迂闊に反省しない

他人の発言を聞いてイラッとしたり、相手の行動に対して腹が立ったりする。「相手が間違っている。正しくない」とジャッジしたとき、自分がちゃんとジャッジしたことを受け入れる。それが従来の自分のままでい続けるか、それともそうした無自覚さを顕在化させられるかを分けるだろう。

受け入れても、そこにくどくどしい言い訳をしないのも大事だ。「どうして同じことを繰り返してしまうのだろう。情けない」といった、自分の態度に対する湿ったナレーションをつけない。起きたことを起きたこととして捉え、受け入れる。ジャッジしたことをジャッジしない。

やってしまったことに迂闊に反省しないことは結構重要ではないか。といっても反省が悪いのではなく、また反省しなければいいわけでもない。親しんでいる反省の仕方そのものが従来の自分を生き残らせる巧みな方法になっている場合も大いにあるということを言いたい。

これまでの自分を改め、新たに生まれ変わりたいという願いはとても切実で、誰しもどこかでそうした思いを抱いているのではないか。人間が人間であることの愚かさはたくさんあるけれど新たにする、改めるところに人間の可能性とわずかな光明を私は感じている。だからこそ「改め、新たに生まれ変わりたい」という切迫した願いを理想にして、それを達成した自分と比べて努力するという、多くの人がこれまでやってきた方法が一切通じない道を選ばなければいけないのではないか。

これまでのやり方では努力していること自体に価値を置き、変わりたいが変われない葛藤を延命させるといった、凡庸さにしか至らないのではないかと思う。

■素直な反応だからこそ観察する

反省が本当に反省になっているか。切実な願いが葛藤への道に通じていないか。真摯な反省のはずが、これまでの自分を改めることには実態としてなっていなかったり、切実な願いを抱くほどに、そうはならない自分により深く苦しむというのはよくあることだ。反省が悔恨になるか。願いが呪縛になるか。それぞれの違いはほんの少しのことで、なおのこと「どこで道を見間違えたのだろう」と気づかないくらいの分かれ目が決定的な差になるはずだ。その少しの違いに対して明晰でいられるかどうかは、自分をひたすら観察できるかどうかにかかっているのだと思う。

たとえば誰かの発言に対して不快に思って「それは違う」と口にしたとする。その「違う」という、いつもよりはちょっと強い語調を支えるのは「自分は正しいことを知っている」という自負だ。経験がそれを支えている。そのとき前のめりになったり、口を尖らせたり、眉を曇らしたり、腹が立ったりとか、とても素直な身体の反応が生じるはずだ。

それらの変化がとても自然に感じられるから、自分が不快に思うということがすごく正しいと感じられる。感覚されたことは自分にとっては絶対だ。当たり前だが、自分が感じていることは他人が感じていることではないから。けれどもその絶対の感じをもたらしている前提条件はなんだろう。

これまでに述べたように、私たちは与えられた環境を生き延びてきたサバイバーであったという側面を持っている。経験によって培った自負があるのは確かだ。だが、その経験のすべては本当に自分が主体的に望んできたことだろうか。何かを正しいと思うだけの経験をした。だが、だからこそこう問うてみて、自分を観察する。

「誰があなたに『それが正しい』と教えたのだ?」

私の場合、善悪正誤のジャッジが強く出るとき、怒りと結びついていることが多い。何かに触発されたように怒りが突出する。それは私の傷の疼きがもたらしている。それをもう知ってしまった。だから怒りが出ようとするとき、私はそれに飲み込まれない。かといって抑えるのではない。観察する。観察する自分に集注する。

するとと何かに対してジャッジしようとするとき、前のめりになるといった素直な身体の反応が生じてはいても、あくまでリアクションなのだということがわかる。レスポンスではないのだ。

■過去に反応して今を見逃している

私は今の出来事ではなく、過去の痛みに対してリアクションしている。そういう反応を観察したとき、私は私の妄念に対して怒りを募らせていることがわかる。私のこの怒りは今のことのように見えて、リアルタイムの出来事ではない。

身体の反応が手がかりだ。というのは、記憶に対してのリアクションが起きているとき、必ず「自分がこうした感情を抱くのは当然だ」という言い訳が、聞こえるか聞こえないかの呟きとして心中に湧いているからだ。それは胸の辺りのざわざわとした感じとしても現れる。注意深くいると、そのことを自分は本当は知っていることがわかってくる。

でも、その感覚よりももっと強く声の大きい怒りを優先させてしまう。主張が強い方が自信ありげだし、寄りかかりやすいからだ。

その大きな声を出したことへの後味の悪さが反省を促し、それが「もう大声を出さない」であれば、同じことの繰り返しにしか至らない。自戒を込めて言えば、同じことを繰り返しながら異なる結果を求めるのは狂気の沙汰なのだ。

「誰があなたに『それが正しい』と教えたのだ？」と再び問うてみる。大きな声は私の声に聞こえる。けれども小さな声をかき消そうとして必死な響きもそこに感じないだろうか。少しの違いに耳を澄ます。すると私の声だと思っていたのは、私に似た誰かの声だ。記憶が蘇り思い出す。「これが正しいし、それを受け入れないとおまえは認められない」といった出来事があったことを。あるとき、私はそれを受け入れた。そうせざるを得なかった苦さと、受け入れて評価されることの嬉しさと共に。

私が育ててきた善悪正誤の基準は、私そのものではない。さまざまな事情があってそれを採用してきた経緯がある。それぞれの言い分と理由とが絡み合っている。

私の場合、ジャッジするとき、そのもつれた過去に対して「それで今のおまえはどうするのか？」が問われている気分になる。それが正しいであるとか誤っていると言おうとする自分はそのことで何を言わんとしているのか。自分が自分に挑んでくる。それとの鍔迫り合いが生じている。

■完全に聞くということ

自分への観察を行っていると、自分の気持ちや感情を伝えることへの怖れが出てくる。本当に自分の素直な気持ちだろうかと疑わしくなってくる。というのは、過去がすっかり清算されないと新たな始まりにならないのではないかと思うからだ。それは誠実な考えかもしれないが、怖れすぎて怖れを本当に大事にできていないのかもしれない。

現状のみっともない自分や過去のわだかまり、苦い記憶があると、相手の話を聞いたり、何か言おうとしたりする際、「こんな自分がいっぱしのことを言っていいのだろうか」とか、何事を行うにせよ躊躇う気持ちになり、積極的に関わることを怖れるようになる。

そういう状態は体感としては拘束感や圧迫感として訪れるだろう。過去に縛られて自由が利かないとか息が詰まる感じだとか。

怖れを大事にするとは、拘束感や圧迫感がやってくるのを避けるのでもなく、目を瞑ってなかったことにするのでもなく、積極的に受け身になって迎え入れることだ。敵ではない。それは私の中の解消されていない記憶なのだから、身体まるごとで対話してみるしかない。苦しいかもしれないけれど、それは苦しさと戯れるのだと理解することもできる。というのは、過去の記憶との和解に向けた話し合いなのだから。自分に厳しく当たり過ぎて優しくなれなかった時代に置き去りにしてきた自分と手をつなぎ、遊ぶこと。それは自分の言い分を自分で完全に聞くことを意味する。

和解が物別れに終わるかもしれない。でも、これが最後ではない。死ぬまで自分と付き合わないといけないのだ。どうせ生きている限り変化するのだから諦めないでいれば、何かに気づき、それが完全に聞くことに向けての歩みよりを促すこともあるだろう。

言葉が信じられない時代であるのは間違いない。それでも私とあなたのあいだにある言葉を愛しく思う。わかり合うためではなく、わかりあえなさが明らかになるとき、かけがえのない存在としてここにいることがわかるからだ。

おわりに

当初は自分がどのように話を聞き、話しているのかについて書くつもりだった。蓋を開けると話を聞く、話すとはどういう体験なのか。人間にとって言葉とは何か、といった問いの周囲をぐるぐると巡る内容になった。

世の流れは、それが真であれ偽であれ、答えの格好がついてさえいればいいといった具合だ。ときによくできた贋物の方が本物っぽく見えたりもする。見る側の不安を束の間でも解消してくれるという期待に応えてくれる含みを持っているからだろう。たとえ時代の成り行きがそうであっても、適応だけしていたら次の変化に応じられなくなる。他人の提供してくれる答えを求めてばかりでも仕方ない。自ら問うことを始めないと、誰かの言った言葉を唱えるだけで一生を終えてしまう。

この本で取り上げた方々に共通しているのは、自身の体験から感じ、思い、考えたことを言葉にして、そうしている自分まるごとで他者の言葉に耳を傾け、話していることだ。出来合いの答えの組み合わせや確認ではなく、体認を重んじている。考えてみれば、人が人であることの当たり前さに立ち返っているのだから、とてもシンプルなことを実践していると言える。

ごく当たり前のことが難しい世の中なのかもしれない。こんなにも情報が溢れ、自分の感情を正当化してくれる概念のさまざまな組み合わせが出回っているのだから、つい自分が本当にどう感じているのかを無視して正解に手を伸ばしたくなる。そのことに感覚的に違和感を覚えているのに、また不安から同じことを繰り返す人も多いだろう。

本文で私は「同じことを繰り返しながら異なる結果を求めることは、狂気の沙汰だ」と述べた。繰り返し続ける自分に違和感を覚えている人が答えを求めたとき、「手放す」という正解を実行すればいいと思ってしまうだろう。そうではなく身についた習慣を仔細に眺める。そして問うてみるのが必要なはずだ。同じことを繰り返すからこそ、同じことの中の少しの違いに気がつける。気がつくということがすでに変化なのだから。

本質的に新しいことはあからさまに劇的で新しいこととしてではなく、そうした何も変わらないように見える中で訪れることかもしれない。答えは何ひとつ書いていないけれど、問うための手立てはたくさん綴ったつもりだ。

最後に当初の依頼と違った結果になっても受け入れてくれた編集者の白井麻紀子さんに心よりお礼を申し上げたい。そして改めて濱口竜介さん、上間陽子さん、本田美和子さん、イヴ・ジネストさん、坂口恭平さんには深く感謝申し上げる。

尹雄大

1970年、神戸市生まれ。

テレビ制作会社勤務を経てライターになる。

主な著書に『つながり過ぎないでいい』『さよなら、男社会』(亜紀書房)、『異聞風土記』(晶文社)、『体の知性を取り戻す』(講談社現代新書)など。

身体や言葉の関わりに興味を持っており、その一環としてインタビューセッションを行なっている。

公式サイト:https://nonsavoir.com/

聞《き》くこと、話《はな》すこと。

人《ひと》が本当《ほんとう》のことを口《くち》にするとき

2023年　5月　20日　第1刷発行

著　者　尹雄大《ゆんうんで》
発行者　佐藤 靖
発行所　大和《だいわ》書房
東京都文京区関口1-33-4
電話　03-3203-4511

ブックデザイン　西垂水敦・市川さつき(Krran)
カバー・本文写真　尾鷲陽介
本文印刷所　信毎書籍印刷
カバー印刷所　歩プロセス
製本所　ナショナル製本

ISBN978-4-479-39405-1

http://www.daiwashobo.co.jp